U0066405

南懷瑾文化

我說參同契 下冊

南懷瑾／講述

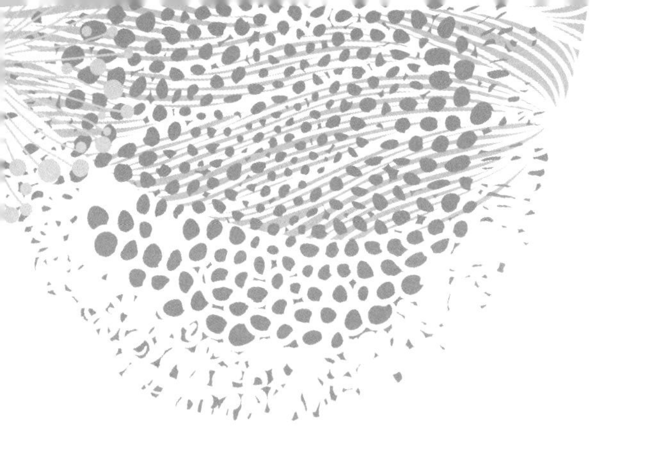

目錄

下册

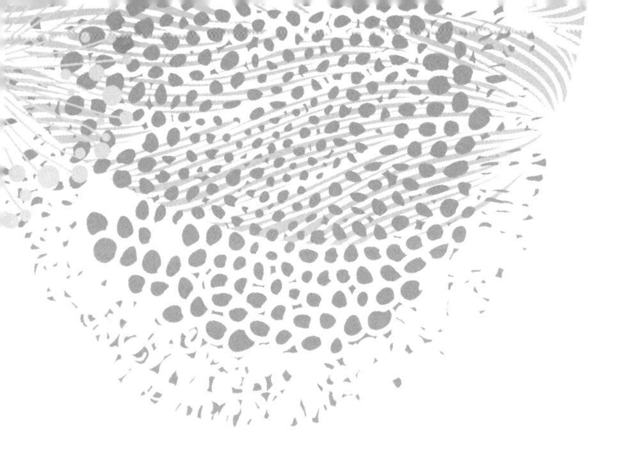

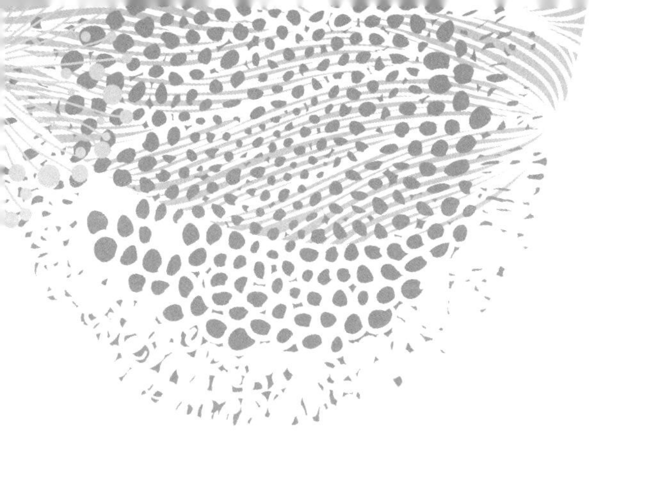

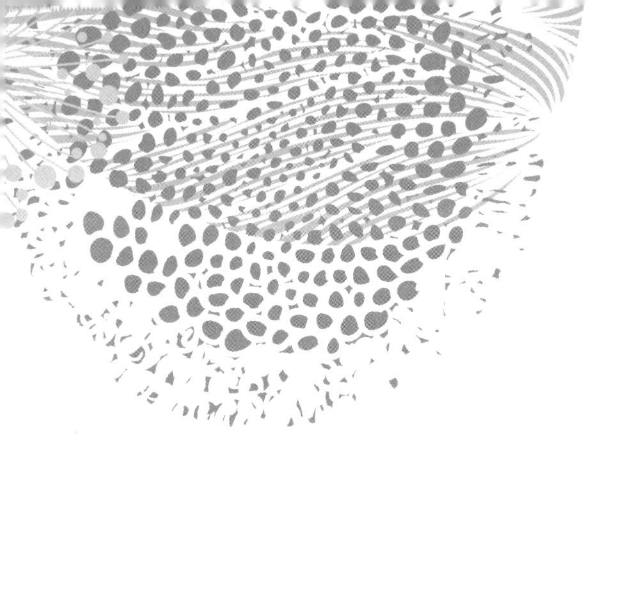

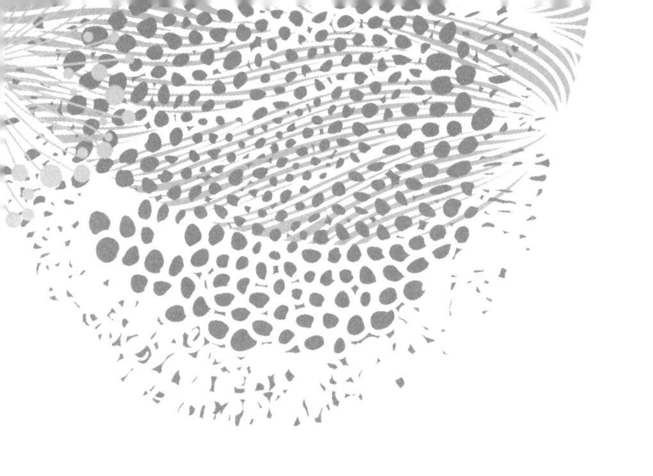

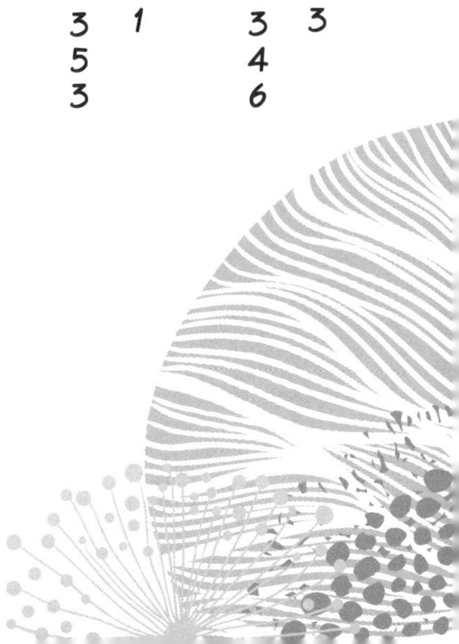

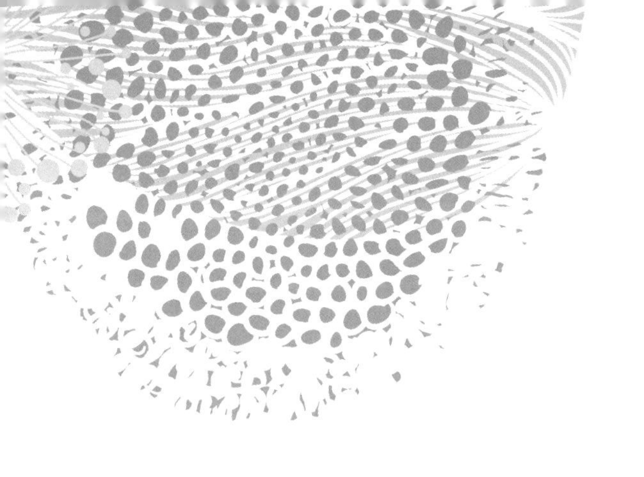

第五十四講

還丹名義章第十五

推演五行數，較約而不繁。舉水以激火，奄然滅光明。日月相薄蝕，常在晦朔間。水盛坎侵陽，火衰離晝昏。陰陽相飲食，交感道自然。

名者以定情，字者緣性言。金來歸性初，乃得稱還丹。

吾不敢虛說，倣傚聖人文。古記顯龍虎，黃帝美金華。淮南鍊秋石，玉陽加黃芽。賢者能持行，不肖毋與俱。古今道由一，對談吐所謀。學者加勉力，留念深思維。至要言甚露，昭昭不我欺。

水火交感還丹

這一章叫做「還丹名義章」，「此章結言還丹名義」，為什麼叫還丹？「不外水火之性情也」，就是後天自己的性情。性情這兩個字出於《禮記》，我們上古就有。心性之說來自佛學，不過我們上古文化，也用到心，但是把生命重點分成兩個部份，一個是性，人性、本性；一個是情，等於後來佛學講的心，妄想的心，就是我們所謂七情六欲。七情是喜、怒、哀、樂、愛、惡、欲，這也有些不同講法。六欲呢？是佛學後來加上的，《禮記》裏面沒有提到，固有文化裏頭沒有，是印度文化過來的。所謂六欲，就是色、聲、香、味、觸、法。古代講性情這兩個字就包含一切了。

「推演五行數，較約而不繁。舉水以激火，奄然滅光明。日月相薄蝕，常在晦朔間。水盛坎侵陽，火衰離晝昏。陰陽相飲食，交感道自然。」我想如果照原文慢慢研究，不如直接看他的註解，反正註解裏頭有重疊提到原文。

「**此節，言水火交感。雖變，而不失其常也。**」這個水火交感，我們已經講過好多次。水火交感就是坎離交，水是坎卦，火是離卦，清淨的謂之水，燥炎的就是火。在人體上，水是屬於腎部，火是心部。所以中國醫書講，人老睡眠就少，因為心腎不交。嬰兒生下來大概睡眠十六個鐘頭，慢慢變成十二個，兒童總要十個鐘頭，至少八九個鐘頭睡覺。越老了睡眠就越少，老了就睡不著。我們常常講，人老有幾個相反的現象：哭起來沒有眼淚，笑起來眼淚就出來了；現在的事情告訴他馬上就忘記了，小時候的事情都會記得；坐著就睡覺，躺下去睡不著。人老了很多古怪的事情，都是相反的。醫學的道理，心腎不交就是水火不交了。道家有個辦法，不管老年中年或是少年，失眠時，把身體蜷起來睡，變成嬰兒狀態，兩個腳縮攏來，兩手也抱起來，容易睡著，這是勉強使心腎的氣交。交就是連起來接上電了，這樣可以睡著。

火在下　水在上

老年人氣向下面走，所以多屁，氣漏的多了。神向上面跑，氣向下面走，所以年老攝護腺也容易出毛病，屙尿答答滴了，不是直線的向前面衝出去的，也是因為心腎不交，水火不調。心腎不交是中氣沒有了，因為上下的氣拉開了。所以到臨死的時候，上面出氣，下面也出氣，放屁大小便一起來，一剎那間就完了，上下脫開了。所以我們這個卦象也叫「互卦」，彼此掛鉤一樣互相掛著。我們人體的水火二氣，在身體健康時，火在下，水在上，頭腦是冷靜的。血壓高是下面氣虛了，就像嬰兒吃牛奶的膠奶瓶，你把牛奶裝一半，把這個瓶下面捏扁沒有氣了，這個奶就到上面來了；下面一放鬆，牛奶就降下來了。所以下元的氣充實時，血壓自然降下來了。所以這個水火交感，是火在下時陽氣充足，上面頭腦才清淨。

修道到了元氣在下充實，上面頭腦清涼，不論佛家道家，所謂上面玉液還丹，清涼甜味的口水就經常有。人老口乾沒有水，所以有許多老年人變成哈巴狗一樣，嘴巴張開看電視，看東西時嘴跟眼睛也同時張開，像花一樣張開了。你看花要謝的時候，就張開得很大。這些好像是笑話，由這個笑話，你瞭解了自己，曉得調養身體。所以水火要交感，交感就是要上下顛倒過來。你感覺夏天不怕熱，冬天不怕冷，自以為有工夫，寒暑不分，那是不對的。所以要懂得《易經》的道理：「夫大人者，與天地合其德，與日月合其明，與四時合其序，與鬼神合其吉凶。」得道的人就要有那麼偉大。

當年我們在四川很有意思，有一位四川老先生的《易經》學問很高明，未卜先知，很多達官貴人名流學者都跟他學。我找了四川幾位非常有名的老前輩，所謂五老七賢之流，介紹我去見他，結果他不教我。為什麼？他說「易學在蜀」，讓四川的朋友都會了，再教你外省人。我說我不學了，憑你這句話說明你沒有學問，你教我我也不學了。後來他們講這是玩笑話啊！他跟我也交往了，但是他講《易經》我就不來聽。後來他講《易經》也提到這個聖人境界，我就給他吹起來，我說你懂不懂修道？只會講「與天地合其德，與日月合其明」，這種境界我都到了的。他說，你可以？那很不得了啊！我說不但我到了，你也到了，大家都到了，都是聖人。我說你根本講錯了，聖人也是人，人個個是聖人，堯舜是人，個個也可以成堯舜，這是理學家的話，我一點都不吹牛啊。《易經》這個地方，我花三天工夫才把這幾句話讀通，我完全到了。他說，那你講！

我說，我從來沒有把天當成地，也沒有把地當成天，我哪樣不是「與天地合其德」啊！「與日月合其明」，我沒有把夜裏當白天，也沒有把白天當夜裏，所以天亮了我起來，夜裏就該睡覺。「與四時合其序」，我說夏天我也不穿皮袍，冬天我絕不會穿汗衫，冷了就多穿，熱了就少穿。「與鬼神合其吉凶」，那個鬼的地方我也怕，凶的地方我不來。我說，很平凡的事，你為什麼把它講得那麼偉大呢？最偉大就是最平凡，「道法自然」，違反自然都不對。即使你到了可以違反自然，你的生活行為還要和普通人一樣的自然，那就是道了！即使不是聖人，也是剩下來的剩人了。聖人跟剩人差不多的，你千萬不要把自己變成一個聖人的樣子，那是世界上最愚蠢的人。

交感變化

現在我們回頭再說所謂水火交感，這個中間有變化的。剛才講到火一定在下，但不是發燙，也不是發熱，也不是說手發燙可以給你治病，這種花樣多得很。好幾個朋友，當年給人家治病，最後治了半天，自己也治倒了。這個是像充電一樣，是有限的，因為你不是真的有道啊。偶然小病可以幫忙幫忙，大病是絕對不靈，這樣給人家治得好嗎？我「未之見也」！

道要正常，正常就是道，平常就是道，千萬要注意啊！所以講水火交感，水火相交，火在下水在上，這是比喻而已！道家也有很多的方法，但屬於旁門，不過旁門也是門，有時候你們也可以用。大約二十幾年前，日本人發明的溫灸器，放在肚臍上，暖暖的，可以治腸胃病。這是日本人把中國道家的老方法拿出來賣錢，這個在道家叫做灸臍法。其實用不著那個，我教你們，年紀大的朋友都可以用，比較保險。用桂圓肉一顆（新鮮的叫龍眼，乾的叫桂圓），花椒六、七顆，加上那個艾絨一同打爛，晚上睡覺的時候挑一點點，小指甲面那麼大，放在肚臍裏就行了。你不要小看我們的肚臍，肚臍會吸收的！

大陸當年有些吃鴉片的人，政府禁煙，抓住了要關起來，所以不敢抽啦，就把鴉片煙膏放在肚臍上，效果差不多。肚臍有個孔，我們在娘胎裏頭的飲食、呼吸都靠這個肚臍連到媽媽。所以把這個藥放在肚臍，用橡皮貼把它封住去睡覺，比那個溫灸器還要好。胃病也好，各種病都好，老年人的身體絕對保健康，身體需要就吸進去了，不要的它不吸。這樣就會水火交感了，繼續二三天後，早晨起來嘴也不苦啦，口也不乾啦，腸胃病都會好了。這個是真的祕方，你們也可以替人家治病，不過不要收錢，我公開講的你們去賣錢，那不太好啊！這個水火交感，火在下，就是元氣在下，水在上，也就是清涼的在上。所以老年人口水多，腳底心還發暖，冬天腳都不怕冷的，一定長壽。

「雖變而不失其常也」，變化過程當中，能變化的那個道體不變，那個是常，是本性，這是先講一個原則。「蓋丹道之要，不外一水一火」，所以修性命之道的要點就是一水一火。拿我們人的生命來講，譬如我們思想就是火，人的生命都被這個不斷的思想情緒燒光了。什麼是水呢？寧靜沒有思想了，氣沉，神凝氣聚，那個境界就是水。清淨就是水，躁動的則是火。

我們講這個水火的道理，有一個故事。唐朝有一個老和尚，真正得道的，叫鳥窠禪師。他沒有廟子，在大樹上面蓋個草棚，像鳥窩一樣，他就住在那裏，打坐、睡覺都在那裏。這棵樹在杭州一個山頂上，下面是個懸崖，雖然不太高，人如果掉下去，雖然不死也要重傷的。那時出名的詩人白居易做杭州的太守，杭州西湖有一條堤叫「白堤」，就是白居易時候修的。白居易聽到這個鳥窠禪師很有道，就去訪他，看見老和尚住在樹上面，他說，老師父，你住在這裏太危險了！老和尚說，太守，我一點也不危險，你才危險。白居易就問他，弟子位鎮江山，有何危險呢？鳥窠禪師講，太守你「薪火相交，識性不停，得非險乎？」他說白居易文章好詩也好，做官天天都在用腦筋，這就是薪火相煎，念識不停，這樣太危險了，生命要燒乾的呀！因為心念就是火。白居易一聽，有道理，再問鳥窠禪師，師父啊，佛法太麻煩了，有沒有簡單一條路一個方法？鳥窠禪師說，「諸惡莫作，眾善奉行」。以白居易的學問，一聽就說，師父，這兩句話三歲小孩都知道。鳥窠禪師說：「三歲小孩都知道，百歲老翁行不得」，人活到一百歲也做不到。

這一段故事就是說明，水代表身心清淨那個境界，火代表念識奔馳，就是我們心頭的思想念頭。

水火本是一家

「水火本出一原，後分兩物」，所謂靜的與動的兩種狀態，根源本是一個，但是我們一般人，頭腦身心都不能清淨，天天都在後天的虛火裏頭燒，結果把動靜本來是一個源頭的，分成了兩路。

「乾中一陽，走入坤宮成坎，坎中有太陽真火。坤中一陰，轉入乾宮成離，離中有太陰真水。」這個同中國醫學有關係啦！「乾中一陽」，乾代表我們生命的本身，其中那一點陽能走入坤宮成坎。到了我們身體內部，到了下部坤宮，成坎，坎就是中醫所講的腎；腎不是指兩個腰子，是腎上腺等各種荷爾蒙系統。在我們生命之中，陽發動在下部，發動時，男女兩性欲念來了，佛家來講這叫欲界。其實欲的本身不是罪過，配上思想念頭就壞了。欲是乾中一陽來的，生命的火力發動，本來並沒有欲，是好的能量，譬如嬰兒就是這個樣子。

「**坎中有太陽真火**」，這個是生命能，可是一般凡夫當太陽真火一發動時，男性就是陽舉，女性也有感到衝動的狀態，一加上欲念的習慣，就走漏了，變壞了。如果太陽真火能累積起來，就是長生不死的一味重要的藥，這是講陽，變成這個樣子。

陰方面呢？「**坤中一陰**」，就是我們的下部由於陽發動了，又重新歸到寧靜。它像這個地球的氣候一樣，夏天吸收太陽的熱能，地心熱氣上升，碰到涼氣變成雨下來，我們身體變化也是這樣。所以，「**坤中一陰，轉入乾宮成離**」，這個氣向上走，進入上面的乾宮變成離，離卦（☲）中間一爻是陰，所以說「**離中有太陰真水**」。這是腦下垂體的荷爾蒙，是人最重要的。

老年修道的人，有口水源源而來，是太陰真水，也就是玉液還丹長生不死之藥。

「水火二炁，互藏其根」，這種現象的根本在哪裏看不出來，工夫到那裏你自然體會到了。「化化不窮，五行全具其中」，是生生不已的，這是第二套的工夫，第二重的投影，也就是開始修道的基本道理。它變化作用，由上下降，由下上升，所以大家打坐，也是健康長壽之道，一打坐就寧靜，寧靜就休息了。生命都是自己用得太多、太快，把生命用完了，多休息總慢點死吧！打坐的效果就是這個道理嘛！打坐時身上氣動起來了，你不要跟它晃動，晃動是你下意識在跟它動；有時還打起太極拳來，有些人說是打神拳，你不准它動，它就不動了。有時自己又結手印了，都在那裏發神經！如果心境寧靜，不管身體怎麼變化，一概不理，就是正定。下意識有個正定，又不對了。空靈也不管，也不管這些動的現象，自然會回歸到靜，就會正常，那就「化化不窮」，變化就出來了。

所以定是個好事，不要去導引它，也不要故意去空它，兩個腿一盤，眼睛一閉本來就定了，你何必要去加一個定呢？佛菩薩告訴你不增不減，你坐在那裏又增又減，定就是定，就怕你不能真定。所以你感覺哪裏動，就是沒有到達定的境界。你是下意識在想，自己檢查不出來，你真能把下意識檢查出來就成功了。所以要知道這個變化，下意識真寧靜到極點，水火的變化自然而來。道書上講了那麼多，看過了就算了，一懂便休，就把它丟開了。真做工夫也不管道，也不管佛，只記住老子一句話：「道法自然」。這是生命本有的，不是你修出來的，它本來會來的。所以他說「化化不窮，五行全具其中」，就是我們這個肉體生命，金木水火土五行，變化自然，每一步都有了。

生剋變化　工夫過程

「蓋水能生木，木能生火，火能生土，土能生金，金轉生水，左旋一周而相生，便是河圖順數。」五行相生，生生不已的道理叫做左旋，同這個天體一樣。天道左旋，地道右旋，兩個的轉動相反，所以星球與星球之間不會撞上。我們古人已經曉得天道左旋地道右旋，現在科學證明也是如此。所以這個「左旋一周而相生」，在《易經》河圖洛書上是順數，天一生水，地二生火等等。

但是我們老祖宗早就曉得，天地之間一切是陰陽相對的，有生必有剋，永遠是矛盾的，有生就有死。你看五行相剋很有意思，是隔位相剋，隔過一位就跟你對立起來，這個道理是什麼？是人生了兒子，兒子又生了兒子，兒子再生兒子，生生不已，就是順生。這個生裏頭就有剋，我們生了兒了，兒子又生了兒子，那個叫孫子了，孫子一長大，祖父就要死掉，隔位就相剋了。天底下就是那麼回事，隔位相剋啊！「火能剋金，金能剋木，木能剋土，土能剋水，水轉剋火，右旋一周而相剋，便是洛書逆數」，這是講《易經》《河洛理數》了，現在不是講專題，只是說相剋的道理，右旋謂剋。文王的八卦是洛書的法則，洛書是後天的用，伏羲的八卦是先天的法則。

所以「一順一逆，一生一剋，而五行之千變萬化，總不出其範圍。」

有人說修道做工夫，講那麼多理論幹什麼？老師！我很笨，我不願意學理論，我也懶得看書，做工夫就到了。我告訴你，不要說你做一輩子工夫，十輩子也不會到，理不通絕不會到。最後「了道」是理，是智慧啊！以為死做工夫就會到，到了也是個外道。所以這裏才把道理講了這麼多，非常非常的重要。譬如你做工夫，懂得生剋變化，工夫進步就非常對。有些人打坐，難得碰到好境況，但是下一步就不好啦！今天精神百倍，下一步就沒精神想睡了。其實兩樣都對，一陰一陽之謂道，一生一剋是變化，那個不變的道體沒有動，你跟著它自然的變化就是了。所謂九轉還丹，變化到極點，最後不變，就懂得了。

所以今天坐得好，明天也坐好，後天也想坐好，好的都歸你，不好的都歸我嗎？沒這個道理啊！有陰就有陽，有天亮就有天黑，黑暗也是天哦！亮的也是天，天地的黑暗同這個虛空沒有關係的。黑暗有黑暗的可愛啊！大家都是喜歡白天的可愛，其實黑暗更可愛！我昨天看到古書上說，古人說做鬼不錯呀，有人問做鬼有什麼不錯？去了就回不來的呀！他說，假使錯的話，有些人就會跑回來啦！這個話很好笑，可是很有意思。

第五十五講

現在繼續上次還沒有講完的理論，「故曰，推廣五行數，較約而不煩」，這是他解釋原文。我們瞭解了五行，天地宇宙自然的規律，就把還丹的理論同事實搞清楚了。河圖洛書是一件比較麻煩的事，在座許多朋友沒有搞得清楚的，我們大概提一下，不深入了，深入起來是專門的課題。河圖上面很多白點與黑點，白點代表陽，黑點代表陰。

回到真陽即還丹

「天一生水」，這個天地形成，開始是液體，由液體慢慢轉成固體，後來西方哲學觀點也如此。古文的天字，並不是代表這個天體，一個天字是許多種代號，這裏天一生水代表的是自然物理的。這個宇宙的開始只有水，是第一個現象，不是說它的功能就是水。這功能一發動就變成液體，所以「天一生水，地六成之，地二生火，天七成之」，這個數理同西洋的數理哲學又不同，不過有一點相同的是，萬物皆生於一。由一生二，二生三，三生萬物，這個老子早就提出來了。

萬物皆生於一，一以前是個什麼？一以前是個零，數理上這個零代表沒有，也代表了無窮、無限，代表了不可知的，有太多太多無量無邊，無法代表，所以都用零代表。這個零叫它「無」可以，叫它「有」也可以，因為零是不可知之數。那麼由零，由這沒有的東西第一發動就是一。宇宙只有這個一，沒有二。一加一是二，再加一就是三。一的本身已經包涵有二，有一就有相對的，相對就是二，有相對有二，已經有三在裏面了。這個數理哲學，在上古已經很發達，現在大概介紹一下，只引用天一生水，宇宙來源的這個液體。

「水本真陽，落在北方太陰之中，所以水反屬陰。」這個水從哪裏來的？這個「有」從哪裏來的？這宇宙第一滴水從哪裏來？也就是說先有雞先有蛋。假定說先有蛋，蛋從哪裏來？真空中變成妙有，怎麼變出來？這個問題研究起來多了，不扯得太遠了。這個水，本來不是這個液體，它是個能，能不是這個水。所謂真空形成了妙有，它原始能是個圓圈，是個零。拿中國舊的科學與哲學觀念，給它一個代號叫做陽。水屬陰的，是有形的，後天形而下屬於陰，在先天就是形而上的，它本來無中生有，所以是「水本真陽」。一落到北方，北方代表陰，南方代表陽。「落在北方太陰之中」最陰的地方，這個水就起一個轉折了，由真空變成妙有，因此有形的水，陰陽家認為屬於陰。有形的水未形成以前是沒有的，這水乾了以後又回到本來，就是還丹，還回真陽。

這個雖然是理論，不要認為理論不相干，修道家講還丹，理就是事，理通了就會形成事，理跟事本來不分。我們有一個原則要把握，也就是我常常說的，天地間有許多事情找不出道理來，這種事情很多。有時有些道理在理論上成立的，事實上行不通。你說理論跟事實應該是兩回事，不是的，是一回事。比方牛頓發現了地心引力，蘋果不是為了牛頓而掉下來，早就掉下來了，不過因為他的靈感才發現地心引力的。同樣道理，看燒開水就發明了蒸氣機，燒開水的蒸氣不是為了他要發明蒸氣機才有的。所以有其事不懂其理，是我們的學問不夠，沒有到。有其理而沒有這件事，是我們的經驗不夠，姑且保留，不要隨便下斷語。這就是科學精神，儘量保持一點存疑態度，再來求證。現在他是用我們舊的科學與哲學理論說的，先把這個知識保留。

河圖洛書剛才提到，天一生水，地六成之，地二生火，天七成之。成就是接受，這是河圖洛書的數理科學。「地二生火，火本真陰」，二就是陰，相對的，相對屬於陰，絕對屬於陽。地是屬於陰的，它本身會發起一種熱能。地怎麼發起熱能？我們現在瞭解地的熱能是吸收太陽能來的，是經過兩重手續，「地二生火」，這種熱能在《易經》數理上是真陰不屬陽，因為這個火是後天的火。「升在南方太陽之位，所以火反屬陽。」形成物質以前是能，當它變成物質以後，這個能變換了現象，反而屬陽，代號叫真陽。

天一生水與人體

那麼他講了半天，跟我們修道有什麼相干？問題就在這裏，所謂還丹是將我們後天這個肉體生命，修到「天一生水」。先要向諸位聲明，我並不認為今天的科學完全對，還不敢說。因為科學隨時在進步，它今天的定律，會被明天新的發現推翻，所以科學下不了定論。因此我只是借用現在的科學知識來說，生命的青春活力最重要是腦下垂體，它刺激荷爾蒙的源源產生，一旦萎縮人就衰老。所以道家修煉玉液還丹，真修得好時，嘴裏永遠是清涼的口水。這個玉液還丹，其實就是腦下垂體荷爾蒙的分泌，一直下來到全身，刺激到下部去。所謂腎上腺，性腺，就是天一生水來了。所以人老了，如果天一生水不生長，這一點水用完就完了。

譬如《黃帝內經》上說，「女子二七天癸至」，「壬癸」都是水，壬水是水的原素，還沒有形成水，所以叫能；癸水就是形成了物質的水。所以雖同為水，但不同。天一之水就是講腦下垂體的荷爾蒙，是後天的，由它下降就變成男女的精液，這就是癸水了。所以天一生水，在上面的還屬於陽水，真陽之水到了下面變成實質的，「落在北方太陰之中」，在人體來說北方就是胃下面一直到肚子。「北方太陰」這個代號，在我們這個後天形體來講，引用瑜珈、密宗說法就是海底。在古代來講就是會陰穴，是太陰所在。等於下雨一樣，因地氣上升，碰到冷空氣成雨。天一生水是雨下來了，雨下到地面又歸到大海裏去，所以水這樣變成陰了。

地二生火，現在講有形的後天生命的真陽之氣。陽氣靠哪裏來呢？下部來的，由陰極而發生這個陽，一個變化一個轉折，這個熱能跟地球一樣，熱到極點，陽氣慢慢就上升了。夏天的井水是涼的，地心裏涼，地下的陽能向外散發，所以夏天大家的胃口都不太好，飯也吃不下，夏天不敢吃火鍋吧！因為消化力沒那麼強；到了冬天你們摸那個井水，是溫的，外面是冰的，我們身體也是一樣。所以冬天的胃就火力強，外面覺得冷，影響氣候的是溫度，物理世界這個氣候的溫度，即使是同一個都市，東西南北也有差別。還有個最重要的，是本身感受的溫度，每個人不同，跟人的年齡、健康都有關係。譬如有人說，今天天氣那麼熱，老師你為何還要多穿一件背心？我說我覺得涼，你們不要管。等到下午，他們覺得涼，已經感冒了，這是你們反應慢，我早就感覺到了，所以衣服先披上了。

因此我們自己的火力向上升，冬天可以吃冰，夏天我是不主張吃冰的，我寧可喝燙的。另外飯後吃水果我是絕對不贊成，我們剛把熱的東西吃下去，跟著又把涼的東西吃下去，就把它蓋住了，久而久之不生病才怪。每個人的舌頭吐出來都是白白的，上面都有寒氣。這個水果和冰是可以吃的，但最好在平時吃，為什麼一定要在飯後吃水果？這都是習慣，以為這是科學，不通！我們的身體地二生火，下面火上來，如果拿道家的義理來講，有真火有虛火，虛火就是發炎了。虛火是什麼呢？等於點蠟燭有亮光，冒的烟就是虛火。你以為有熱，那個並不熱而是寒的，所謂有陰中之陽，陽中之陰的區別。

氣血要調和

所以「**地二生火，火本真陰，生在南方太陽之位，所以火反屬陽。**」有些人動不動要睡覺，昏昏沉沉的，給陰困住了，道家講陰困。什麼叫陰困？濕氣太重，消化不良，或者精神不夠，或者是血壓太低或太高，很多原因，麻煩得很，要觀察清楚，這屬於虛火。所以火要是上升，代號則是陽，下面就告訴我們理由，這些理由，如你懂醫理就懂了。

「**陰盛便來侵陽，水盛便能滅火**」，陰太過了陽被陰侵，水太多了火就滅了。陰極就陽生，陽極陰生，過份了以後，它反而慢慢衰弱下來，這中間一反一覆循環之理，要把它搞清楚。「**蓋先天無形之水火，主相濟為用，後天有形之水火，便主相激為仇。**」注意啊！這兩句話很重要，五行有相生相剋之理。物理世界由虛空形成地球萬有，這條路線順著來是相生。後天就是我們有了這個生命，有了這個肉體以後，有形的水火「**相激為仇**」，產生了矛盾。所以他說魏伯陽真人原文上講「**故曰，舉水以激火，奄然滅光明**」，水太多，激動火光，火力就不夠了，光亮反而消滅。

「**天上之日月，即是世間之水火**」，這是《易經》的道理，坎離兩卦代表太陽和月亮。在我們後天身體上，水與火代表很多；生理功能上來講，坎離兩卦有時候代表一個氣，一個血，在中醫代名辭叫做「營衛」。人死了血為什麼不流了？因為「衛」力沒有了，推動的力量沒有了，心臟也停止了，所以營跟衛，氣和血兩個是併行。前天有位同學拉我看一段影片，講一位香港去世的功夫明星的一生。我說這樣練功夫非死不可，這不是中國功夫，中國功夫不是這樣練的。他不懂用氣，所以營衛不調，那必然要暴死。我們後天的生命，血液夠不夠還是次要，氣夠不夠最重要，氣一不夠就不行了。練武功像他這樣練，簡直把氣給練斷了，這是不對的。以我來講這部影片就不該播放，因為孩子們不懂，會學他練，那不是學早死嗎？中國功夫哪裏是這樣硬搞的？外家拳，少林拳也不是這樣硬來的。練拳兩句話原則，「內練一口氣，外練筋骨皮」，都要一起來。

修道與日月法則符合

「日屬太陽火精」，所以太陽永遠「其光無盈無虧」。這一段要注意，同修道做工夫有關係的。「月屬太陰水精」，屬於水的精華、精神，「借太陽以為光」。所以你不能說我們過去的科學落伍，古人早就知道月亮不發光，它吸收太陽的光才發出光亮反照過來。所以以陰曆為標準，「晦朔之交，日與月並會于黃道，謂之合朔」，晦是陰曆的月底，二十九或三十，月亮光明沒有了。朔是每個月陰曆的初一初二初三。「晦朔之交」，為什麼每個月陰曆的月底月初，月亮沒有光呢？這是太陽與月亮「並會于黃道」。黃道、赤道，這些都是天文專有名辭，我們不介紹了，若介紹又是一大堆。他說在中國古代天文科學的觀念，這個時候太陽和月亮合在一個軌道上，所以看不到月亮光明，中國古代的名稱叫做「合朔」。朔的方位代表北方，古文詩辭「朔風凜烈」，多半形容冬天北方的風或西北風，都冷得很。春天則不同，春風一般形容叫東風，從東方來，暖和的。夏天的清風南來，秋天是金風，西風多，秋高氣爽都是西風。所以這個朔也就是代表北方方位。

但是「然但同經而不同緯」，「經」同「緯」不同。「故雖合朔而日不食」，太陽沒有被月亮遮住。假使「若同經而又同緯」，經緯度都相同時，「月不避日陽光」，月亮沒有逃過太陽光，「便為陰魄所掩」，月亮反而把太陽的光明遮住了。「所以太陽薄蝕」就是日蝕，太陽缺了一點，其實只是月在那個軌道上把太陽遮住一點。「長在朔日」，太陽日蝕常常在陰曆的月底，因此這個理論用之於丹道。

「故曰，日月相薄蝕，常在晦朔間」，日月蝕永遠都在陰曆的月底，你看我們講了老半天，道家多囉嗦，都是天文地理太陽月亮。許多人說，你就告訴我一點口訣，我依著做工夫去修就會成仙了。都是貪便宜！你這個理論不懂，告訴你口訣做工夫永遠都不會成功，必須要懂它的理。所以古人不厭其煩的告訴我們。

下面慢慢講到做工夫境界，「人身與造化，若合符節」，我們這個身體生命的變化，同天體太陽月亮地球的形成是一模一樣的，是同一個法則，只是自己觀察不清楚。所以道家說人身是個小天地，換句話說，這個宇宙天地只不過是個大的人身。道家的觀念認為這個宇宙是一個生命的全體，因此中國古代不大主張開發地球，礦藏都不大開。我們挖石油、煤礦等於在身體上每個骨節抽骨髓、抽血出來用，慢慢抽久了，這個地球就毀壞了。

美國一個學者問，這個人口問題怎麼節制？我說那是你們的理論，人口越來越多，限制不了，這是中國道家的道理。我說你看那個水果，無論是橘子或梨子擺在那裏，一條蟲也沒有，所以說「物必自腐而後蟲生」，水果裏面開始爛了，外面那些蟲越來越多。我們人類就是地球外面的蟲，現在人類自己毀滅它，挖礦藏又採挖石油，都快要挖空了，地球內部像水果一樣開始爛了，所以人口越來越多。將來這個地球上都是密密麻麻的人，然後就毀壞了。

這是我們老祖宗道家的科學道理，所以人是限制不住的，結紮節育也沒有用，這是自然變化，不是笑話。我親身感覺到，在今天物質文明發達的科學世界修道，不但要懂這個道理，還要另外加一套方法去修，不然就很難修了。過去成仙很容易，現在成癲很容易，癲者，瘋也。

第五十六講

人體水火日月的變化

「**世人但知坎水為月，不知離中一點真水，正是月精**」，我們知道坎卦代表水，也代表月亮。離卦代表太陽，卦象是「離中虛」，是指太陽中間之黑點，其中有至陰之精，就是「**離中一點真水，正是月精**」，變成了月亮的精華。月亮的現象，同現在太空科學不一樣，不要擺在一起。講到現在太空科學，人類已經到達了月球，但是月球上究竟怎麼樣，還在探測，還沒有定。像前兩年有位美國同學在這裏，他爸爸在太空總署工作，我叫他問他爸爸，敢確定月亮上就是這樣嗎？他說不必問爸爸，我都可以答覆你，不敢確定。我說對啊！怎麼曉得月球上沒有生物？我們現在人降落在上面，等於別的星球人降落在喜馬拉雅山頂上，也看不到我們人類。所以月球的生命如何，我們人類還不知道，真正的科學家不敢多說，因為無法證明。

「但知離火為日」，離火為太陽，「不知坎中一點真火」，坎卦（☵）中心這個真陽之氣，反映過去「正是日光」，就是太陽的光明。所以他說每「晦朔之交」，陰曆月底到初三以前，「日月合璧」。關於日月合璧還有個問題，好像已經向諸位報告過。一般人修道，像伍柳派講打通任督二脈、轉河車，真正氣脈打通以後，要知道「日月合璧」，璇璣停輪。「璇璣」是轉動的，「停輪」是不轉了，絕對的寧靜，就是定。即使你打通了氣脈，通了以後恢復到本來那個寧靜，不動了，所謂如如不動，那才可以說氣脈打通了。如果還在轉來轉去，這叫做暈頭轉向，不能得大定。那麼「日月合璧」呢？就是太陽和月亮在一起，連起來。「晦朔之交，日月合璧」，日月走上一條線了。

「水火互藏」，水火都隱沒了，互相藏進去了。「一點太陽真火，沉在北海極底」，我們講了半天理論，現在我們轉回來講，打坐修道沒有達到日月合璧，雖然坐在那裏，工夫並不好，不過不講話，好像在入定，實際上都聽得見，看得見，你並沒有沉沒下去。工夫到「日月合璧，水火互藏」，所謂收視反聽，開眼閉眼，見而不見，沉下了；外界聲音也聽不見，閉氣關起來了。「水火互藏」，心裏任何思想念頭都沒有了。不過有一樣，像是一個洞，所謂靈光一點，是知道，又等於不知道，這是心火降下了，身上氣血（水）也凝定了，這是真正的入定，就是還丹的初步。

太陽真火沉海底

「一點太陽真火」，這個生命的真正功能「沉在北海極底」，北海可以說是有形，可以說無形，形容他沉到極點沉到九淵之下，沉到最深最深，深不見底的凝定下去，這樣叫得定。工夫到了這個境界，不管你走哪一條路線，這個是一定的。學佛也好，修道也好，修密宗也好，不到這一步，可以說你所有做的工夫，「萬種千般逐水流」，都像流水一樣過去了，沒有用。也許對健康有一點幫助，心境上有一些寄託而已。真要修道，第一步必須要達到沉下來這一定，定到「日月合璧」，璇璣停輪這個程度，就差不多了。

「邵子所謂，日入地中，媾精之象也。」邵子是宋代的大儒，《易經》的大家邵康節。這個時候陰陽交媾，凝定極點，才互相來交。所謂交，像電器接上了電一樣，陰陽兩個接上了，合體了，這是「媾精之象也」，另外產生一個新的生命。這個境界同天體一樣，邵康節所講的「日入地中」就是在午夜十二點正子時，太陽正在地球的那一邊，那裡正是中午，以每一個地區為標準。假使在美國修道，晝夜以美國的地區為標準，在南半球修則以南半球為標準。我們過去講「天上眾星皆拱北，世間無水不朝東」，那是指我們中原地帶。到了中東，世間無水不朝西，到四川、雲南、貴州那一帶看看，世間無水不朝南，都以地區為標準。「在丹道」，修神仙之道叫丹道，丹道修成功了就叫做神仙了，所以在丹道來講這就是「為坎離會合」，陰陽會合，真修道做到這樣就叫入定。入定就是陰陽會合在一起了，莊子叫做「渾沌」，人到了這個時候恢復了生命本來，叫做還丹。

「一陽初動之時」，另外一個新的生命要開始了，也就是另外一點陽氣陽能快要發動了。其實我們每一天都有「一陽初動之時」，什麼時間呢？就是你真睡熟了，那是陰陽交，陰陽媾，睡足了將醒未醒之間，就是「一陽初動」。邵康節講，這個就是後來道家所謂正子時要來了。正子時也叫活子時，每人的活子時不一定；譬如我三天沒有睡覺，剛好早上睡覺，到了下午三點睡醒了，將醒未醒之間，這是你本身的活子時。我們現在快要到子時，在外國或其它的國土正在中午，正好活午時來了，每個地區不同，每個人不同。

學《易經》要懂得萬物各有一太極，你們看風水陰陽的要懂「移形換步」，換步就移形了，每走一步，這個現象就會不同。大家看現在這個現象，乾卦在這裏，坤卦在那裏，我這樣偏一下，乾卦就偏了，現象就變了。這就是移形換步，樣子就變了，那個陰陽太極就要另外算才對，所以要懂得活用。邵康節的詩，最重要的告訴我們，「一陽初動處，萬物未生時」，佛學來講就是一念不生那個時候。一念不生還生不生呢？還要生的，如果永遠一念不生，不過是小乘羅漢境界，叫做有餘依涅槃，還沒有對，還沒有成佛，還要回轉來修大乘才行。

溫養潛龍

一陽初動之時，理論到這裏都講了，「此時當溫養潛龍，勿可輕用」，這句話是根據《易經》的乾卦來的。第一爻的爻辭，「潛龍勿用」。我講《易經》的時候，叫同學們要注意不要搞錯，「勿用」不是不用哦！這個「勿」字是活的，沒有說不可以用，也沒有說不能用；勿用是可以用，最好不要用，叫做勿用。所以潛龍勿用不是絕對否定的。諸葛亮在臥龍崗，那是「潛龍勿用」，他躲在那裏，你說他要用嗎？沒有用，不用嗎？也在用。當一個人大學畢業或博士學位拿到了，要不要出來做事，還不知道，要不要出來競選也不知道，那個價值還是無比呢！就是潛龍勿用。如果競選議員選上了，已經到了第二爻了，這個價值已經定了。女士嫁了人，她是某太太，未嫁以前的她，價值無比，算不定會嫁給皇帝，所以那是「潛龍勿用」，還不能定。

拿修道來講，《易經》的道理，工夫做到陰陽凝結，得了大定，這一步新的生命在將開動未開動之間，要把握住。這要真智慧，要懂得理論，才曉得如何做工夫。「**此時當溫養潛龍**」，要培養它，要好好保護，「**勿可輕用**」，最好不要用，陽氣動，念頭不要跟著動。人有時念動氣就動，氣動了念會動，陽氣來你非要動不可。等於一個人，身體的陽能發動那是好事，普通形容為「大有春意」。這個人青春年少，陽氣經常發動，不配合男女的欲念，好像生命永遠在增加；配合了欲念一用，陽就完了。

所以這個時候「**勿可輕用，直到陽光透出地上，方纔大明中天**」。就這兩句話，他把工夫口訣也告訴你了。這個時候知道這個陽能發動，陰極陽生，定極了一念不生的時候，再轉過來所謂光明境相也來了。你知道了這個光明，念頭也動了，這個時候氣脈真正通了，百脈皆通。你十萬八千毛孔一時都通了，從海底一直到頭頂都打通了，乾坤大交的境界快要來了。「**透出**

地上，方纔大明中天」，陰極陽生，陽光來了，陽境界來了，所以打坐修道，那個道快要找你了，你又嚇死了，趕快吃鎮定劑，看病去了。哎喲！我好像一點力氣都沒有呀！哎喲！我好像念頭都起不來了！起不來不是更好嗎？你求到無念，真到念不來也怕，真正定下去又怕死，活起來又覺得煩惱，那又何必求道呢？世界上這樣的人很多，都是理不通，所以不能修道。

現在道書上告訴你這種境界，還是講原理，一步一步經過，有時候自己都覺得嚇死人。我旁邊有些同學比較用功，對我說，老師，地震！我說沒有，你趕快去打坐，他就懂了。他自己身上的氣脈在震動，一震動沒有真正凝定下去，所以坐在椅子上都覺得是地震。有時候嚇死人的，尤其是年紀大的人，加上報紙上的醫藥常識多，哎喲！我血壓高！哎喲！我心臟不對了！那你趕快進醫院吃藥嘛，何必修道！我告訴過你道家有句話，「若要人不死，除非死個人」。你想修得長生不死之道，要有不怕死的精神去做工夫，死了就算，反正遲早都要死。想修到長生不死，但又處處怕死，那何必修道呢！這是真話。

過程中的嚇人境相

所以這個境界，雖然道書上講得那麼輕鬆，中間經過使人害怕的事情很多，理論搞通了，就不害怕。所以說「若真陽不能作主，陷在陰中，無由出爐，即是北方寒水過盛，浸滅太陽之象。」有時候會碰到這個狀況，定久了，覺得一陽回轉了，但出不了定。大概四五十年前，有人告訴我浙江紹興有個道士，他坐在那裏有兩百多年，還在那裏打坐。看見他每年指甲鬍子還長，還要幫他剪指甲，他一身很溫暖，背脊骨那個地方咚咚在跳，摸到都發燙。那是什麼道理呢？他困在這裏，出不了竅，他什麼時候出竅就不知道了，要看他有沒有道緣。如果有道緣，又有天仙指點，可以衝關。不然這一關，所謂後三關（尾閭、夾脊、玉枕）的夾脊關，他永遠衝不破，衝不破那他要坐在那裏多久就不知道了。

後來我看到另一個修道人，他脊椎彎的。我問他怎麼不能直上去？他說夾脊關通不過，這是我親身的經歷。另外大概四十年前，我在四川自流井，看到一個修道的人，他已經快八十歲了，可是樣子不老，看上去像個五十多歲的人，就是道家工夫很好。他有個怪毛病，坐在那裏直搖頭。我過去問他，老師父，你這個叫什麼工夫呀？我不像現在年輕人挖苦人，我們那個時候很禮貌，我心裏想你這個叫鴨子功嗎？那個鴨子走路就是這樣，不好意思講出來。他說不是工夫。如果他活到現在，我一定馬上使他走通！那個時候我沒辦法，我覺得很奇怪，心裏也害怕，我將來修道不要修成這樣。所以前一陣子上課看到一位同學，就是這樣，我叫他趕快吃藥，這很容易通的。這個道理是什麼呢？就是「**真陽不能作主，陷在陰中，無由出爐**」，衝不上來，這是一種。

禪宗的祖師講不講工夫呢？絕對講工夫，修道要知道如何跳出三界外，不在五行中。這個肉體上就有三界，不修禪或工夫不到你就看不懂，這就是被這個身體的感受限制住了，你永遠跳不出三界外，永遠在五行中，這「**真陽不能作主，陷在陰中，無由出爐**」就是這個丹成了，要衝衝不出來。這個道理就是「**北方寒水過盛，浸滅太陽之象**」，拿身體來講，就是氣脈沒有通，這種也是病，寒濕太重，可以自我治療，也可用藥物治療。所以修丹道的人，沒有不通醫的。菩薩要通五明，包括了醫學，就是這個道理。藥就是外丹，一幫助很快就過關了。

人為什麼老

「真火既為寒水所浸，日光便受重陰掩卻，正當中天陽盛之時，奄奄衰弱，昏然而無光矣。故曰水盛坎侵陽，火衰離晝昏。」所以在這種境界是個岔路，陽氣透不出來，這一透出來百脈皆通了。就像年紀大的人，路走不動，衰老了，工夫到了這個境界，一旦氣脈真通了，身輕如葉，行路疾如奔馬，不要練輕功的，自然走路很快。我經常說，人的衰老死亡，先是腿，兩條腿拖不動，已經死了一半。修道的人，如果後來還是如此，那就是一點工夫都沒有，還要想悟道，那不是自欺欺人嗎？所以啊，趕快修道，不然趕快吃藥，死亡是從下面一節一節死上來的，也就是這個法則的道理。

道家有句話，「精從足底生」；相反的，一個人衰老了怕冷，也是從足底開始冷。所以老年不管男女，足底心發燙不怕冷，走路舉步如飛的，那就是長壽之相。六七十歲老朋友來問我說，老師啊，我有便祕的毛病，我說恭喜！你七十歲了還便祕，因為人老時氣漏了，專門放屁的。年紀大了便祕，固然痛苦，但是那個元氣還在，還充實。如果老了以後光放屁，已經不對了，這個道理要注意。你看到這些雖然都是很瑣碎的事情，但同生命都有密切關係，尤其是修道的人要注意。所以這一段，是講到重要的地方，修道打坐的人，萬一碰到這種狀況，就要趕快培養陽氣。這陽氣如何培養，道書上都有，你去研究研究。

第五十七講

抗衰抗老的祕訣

現在講到「坎居北方，幽闕之中，正子位上，月當朔之象也。」這個分兩方面，一個是抽象的，一個是實際的。抽象是根據《易經》天文現象來說，北方用坎卦代表，南方是離卦代表。我們這個人體，頭頂是南方，北方是下面會陰穴這一部份；另一個北方是腎，腎水屬於北方，南方離卦屬心火。人思想能夠分別，能夠聰明知見，這個屬於離，屬於南。生理的變化，血液的流行，精氣的發動，這些現象就是北方坎卦代表，是屬於水的部份。

「坎居北方」，以卦象來講，坎卦位置在北方，「幽闕之中」，古代稱肛門叫幽門。「幽闕」當然不是講直腸排泄這一部份，實際就是講會陰穴，海底，這部份都屬於「幽闕」。闕就是代表宮闕，宮殿的意思，北方就在這裏，屬於水。人體用天體來配比，所謂坎卦正北方，拿地支排列一個圓圈，「子丑寅卯辰巳午未申酉戌亥」，北方就是夜裏亥、子之交，亥時以後到子時。所以子時也是一天當中一陽來復，陰極了陽生，這裏提到北方幽闕的部位，是正子時的位置。

我們身體的變化也是這樣，生命有沒有活力？是不是有青春的氣息？生理上有沒有欲念？有沒有陽氣發動的現象？假使都沒有就完全衰老了。衰老了就是命將絕矣，在《易經》屬於遊魂之卦，就是魂遊墟墓之間。那麼要如何返老還童？如何培養自己？老年的人或者年輕身體衰弱的人，抗衰抗老只有一個祕訣，就是「靜」，養靜。什麼思想也沒有，但不是昏睡，心境很清明，頭腦很清楚，等於動物的冬眠。養多少時間不一定，看年齡關係，至少一個週期七天。七天下來，等到青春的氣息恢復了，陽氣發動啦！千萬不要動欲念啊！有了男女關係的欲念一配合就完了！所以道家講性命雙修，就等於佛家的心性念頭。這個作用要分辨得清楚，沒有一點雜念，沒有一點惡念，也沒有一點邪念，沒有一點不正之念，這個時候等到一陽來復，正子時位置到了，陽氣就恢復了。

只要你這樣一次能夠把握得住，還不要說每次，一次能夠把握得住，祛病延年之藥就在你手上，就有把握。不過也很難啊，雖然你把握了，但這個陽氣潛伏變化，的確有衝關之象，一關一關很難轉啊！衝上來的時候第一個就是腰部，腰瘆背痛就來了。尤其老年，各種病象都來了，不是你工夫做出毛病，是你本來那個機器就是壞的，當陽能要上衝時，一定要先把你修補，所以病象就來啦。一點一點，慢慢陽氣培養上來，上升到南方的離卦，就到了頭頂。到頭頂以後也不算數，這不過是一個作用，真到了頭頂的脈輪都打開了，在密宗，頭頂叫做大樂輪，頭頂脈輪真的打通了，全身都永遠在舒服快感中。

大家修行的人，一百個找不到半個成功的，為什麼？第一，大家都想修長生不老，更希望又有錢，也有官，壽也長，兒子孝順女兒好，媳婦更聽話，自己還要成佛當神仙，天下的好處會都給你佔光嗎？不可能。有這樣多的願望，每天打坐十幾分鐘，心都靜不下來，定不下來，氣不會回到坎卦幽闕之中，不會聚到正子位上，這個一陽決不會來復的。大家有的人肚子跳一下，氣動一下以為是工夫，那是見鬼！那根本沒有關係，是你經脈穴道有些不通，真的通了的人不會有震動的，不會跳動的。像一個水管一樣，很通暢時，它不會彈動了，如果噗噗跳動，這個水龍管裏頭一定有問題，有障礙才發生震動現象。所以不要認為那個就是工夫，把這個道理懂了，這一段就看懂了。

「**正子位上，月當朔之象也**」，拿月亮天體來講，正是陰曆的月尾到下月初三之間，眉毛月剛剛呈現，就是一陽來復的現象，這是講坎卦。

一反一復必然變化

「**離居南方，向明之地，正午位上，日當晝之象也**」，有時道書上畫一個圖，頭上畫一個卦說是離，下面畫一個卦說是坎，你就看不懂啦。你讀懂了就曉得那些都是代號。說離卦居南方，人體來講離為火在上面，離代表太陽光明，所以是「向明之地」。我們睡醒了，首先腦筋清醒，眼睛睜開就代表離卦作用。「正午位上」，拿天體時間來講，每天午時正十二點是離卦的時候，十二點過後不久陽極陰生，就變成下午了，下午就是陰的現象。一年來講這個正午就是午月（五月），到了夏至開始陽極陰生，陰又開始了。說離卦在南方這個地區向明之地，何其光明的境界！不管你學佛學道學密宗學顯教打坐做工夫，靜極則陽生，光明透露的時候，你說再想空下去，什麼念頭都不起，就做不到了。有些人說自己工夫垮了！因為他不懂這個道理，陽極陰生，陰極陽生，一反一復是必然的現象，靜極了就動。這個動不是思想妄念的動，是陰暗極了則光明的現象。但是這個光明來了，不要跟它走，哎喲！我又看到一片光啦！得了天眼通啦！最後神通沒有得到，變成精神分裂。所以，到了下降這個階段，也要一念不生，知而不取，知道而不執著這些境界現象。拿《易經》理象數來講，這是現象，你要把握那個理，才曉得下一步是什麼，你就都清楚啦。所以這步境界用不著稀奇，也用不著拒絕，它是必定經過的現象。

這個正午的位上，拿天體來比喻是太陽當頂，由陽轉陰，是一陰一陽，跟我們精神一樣。我們普通人夜裏疲倦了就睡覺，我們的精神魂魄向下走了，就是「坎居北方幽闕之中」。精神夠了頭腦清醒了，就等於太陽出來天亮了，是一反一復的現象，是呆定的。生命本來就是這樣，你要快也快不起來，說天亮了，馬上要它天黑做不到，它是一步一步到了那個境界的，所以你要急就章達到那個目的，也是不可能的。這個境界一光明一黑暗，一動一靜之間，一反一復之間，都是現象，還不是道。

動靜均平

那麼修道是什麼呢？就是坎離兩卦的水火，要使它凝結為一。所以他說「水火均平，方得交濟為用。一或偏勝，便致薄蝕為災。日月之相薄蝕，即舉水以激火，奄然滅光明之義也。」所以你看道書，這些理論把握不住，你修道的工夫永遠是白做。光是身體上有感覺啊，轉來轉去沒有用的，不會成功的。你跑步啊打拳啊，動中求靜，體能累了自然什麼都不想了。修道這個道理也是一樣，所以說一動一靜之間，一定會變成偏勝。修道的人，如果道理搞不清楚，一定會走偏，水火不會平均。在光明的境界裏，被光明牽走啦，光明境界可以產生精神健旺，就是道家說的，「日出沒，比精神之衰旺；月盈虧，比氣血之盛衰」。

你們大家打坐有經驗，當你比較灰心，精神也疲累時，打起坐來一下子好像入定了；實際上不是入定，是月亮一樣虛了要下沉了。所以不要把那個昏沉的境相當成定。坐久了以後，一陽來復，精神旺起來不想坐了，所以做工夫難就在這裏。你們很多人早上上班以前打坐，坐得差不多了，要上班去了！一天到晚忙，心裏根本沒有寧靜。晚上打坐，一坐起來就想睡覺，嗯！坐好了要去睡了。真修行打坐不是這樣子！等到你事情做完了跑去打坐，那是休息，永遠不會成功。就是要你睡夠了，精神好的時候，看你定不定得下去。但是，精神好的時候打坐，反而坐不住，心裏也坐不住，屁股也坐不住，腿也坐不住，坐在那裏想，這是幹什麼！何必坐呢？我還有很多事情要辦，就下座了。所以做工夫永遠不上路。真的修道上路，就是「持盈保泰」四個字，「盈」就是精神滿的時候要把它保持，水裝滿了不使它漏掉，永遠保持這個滿。「泰」是太平的時候，充滿的時候，心情泰然，永遠把它保持。有人說，哎呀現在不行，等我事情搞完了，一定學佛修道。搞了幾十年，棺材已經抬到前面了，還有件事沒有了，這哪裏是修道！只好進棺材，下輩子再說吧，都是不能切斷。

這個道理就是說水火要均平，如何能使水火均平？精神雖旺氣血旺，動與靜之間「交濟為用」，這四個字很難辦了。人這個生命很難弄，有時我們心想靜，身體不能靜，身體精神很強化，不想休息。有時候我們身體疲勞極了，尤其是打麻將，一邊打呵欠一邊硬捨不得，頭已經昏啦，還是要打，因為心不肯休息。這兩個都把人拉住了。做事業的人一樣，做生意的做官的，老兄該退休啦！我早就想退休，不過還有幾個月，還有幾件事做完了來，就像麻將桌上那樣死打，是同樣的道理。這個是水火不能均平，你要把身心拉平均，難啦！這個要自己體會、自己檢查了。

人有時是氣旺血不夠，有些人你看活得很健康，實際上他已經很衰敗了。有人雖然血壓低貧血，他生命活力強得很，那是靠他的氣。以道家的醫學來講，有些人看似健康，氣已經衰敗了，氣血兩樣能夠拉平均也很難。再進一步呢，心念，這個思想念頭，動靜之間拉到平均，也是很難。這些在道家都屬於火候，沒有固定的方法，你看清楚了才可以修道，可以隨意地把水火相交。相交以後就產生新的生命，這是說「交濟為用」。

不可偏向一邊

下面就吩咐我們修道做工夫，偏一點都不行。有時你說這一次坐得很好，這幾天心境很寧靜，好哇好哇，你太偏向寧靜也糟了！馬上下一步就出問題。所以「一或偏勝，便致薄蝕為災」。有時生理蓋過了心理，有時心理的精神健旺不能停止，年輕人想修道，心理上那個火氣滅不掉，有時生理上作用使他沒有辦法。「世上無如人欲險，幾人到此誤平生」，老年人修道覺得自己道德修養都很高了，對什麼都不動念了。我常跟老年朋友講，你不要吹啦，不是你修養高，實在你沒得本錢啦！要有本錢而不做才行。有殺人的武器，但這把刀不殺人而救人，那叫修行！你老了，叫你殺人拿起刀都發抖，那能算守戒嗎？所以就是兩樣不均平。一旦不平均，不是有月蝕的現象，就是日蝕的現象；不是精神不夠，就是身上的氣血不夠了。所以工夫永遠不會做好的。「即舉水以激火，奄然滅光明之義也」，水把自性的光明都滅掉了。「當與中篇，晦朔薄蝕，掩冒相傾，參看」。《參同契》的中篇這一段，就是專門講解如何使身心做到均衡的境界。

佛家怎麼講呢？釋迦牟尼佛專講原理心性之學，實際上原理懂了，工夫就在內了。釋迦牟尼佛在《金剛經》上講了兩句話：「是法平等，無有高下」，但是你就是不能平等，做不到。這個法門平等，只要做到均平無有高下，你偏了一邊都不對。如果你讀《金剛經》，體會全盤都是做工夫的話，你就都看通了，這樣叫做融會貫通。當然我這樣一講，如果給法師們或專門研究佛學的人士聽到，他們會說：「你看南某人，所以叫他外道，佛決不是講這個」。究竟是他外道或是我外道啊？反正大家外成一堆啦！沒有關係。實際上我告訴你們，是要從經書中找參考，佛家儒家道家很多東西都講同樣一個作用。

水不盛火不衰時如何

「雖然此特言其變耳，若水不過盛，火不過衰，日以施德，月以舒光，水火自然之性情，即陰陽交感之常道，薄蝕災變，何自而生。」這一段，他講每一步工夫來了一定起變化的，我們人沒有成道以前，不能夠均平，不能永遠保持住平，所以不能成道。大概在座許多搞打坐的都有經驗，因此我經常講你們做工夫有時瞎貓撞到死老鼠，難得兩三年撞一回，撞到覺得得道了，就很有信心。過不了半天垮掉啦，因為不能均平。你說你的工夫真垮掉了嘛？好的境界後來好像都沒有，其實一點都沒有垮的，是你不明白道理。

所以佛也告訴你了，可是你們佛經看不懂，現在道家也告訴你道門了。剛才講過，這等於你們氣脈一樣，一下從頂上來，一下又沉下去；有時到了頂上睡也睡不著，要它下降做不到，也很痛苦。對不對？有時要想陽氣上升，起不來，彎腰駝背也很痛苦。對不對？不能均平嘛！就是你理不通，現在告訴你，剛才講的這個均平之理，他說「雖然此特言其變耳」，他說我們上面所講的變，每個境界的變化道理不同，現象也不同，其中有個祕密。他說：「若水不過盛，火不過衰」，像我們普通人一樣，只要一口氣沒有斷以前，我們身體都是水沒有過盛，所以腎水血液口水都沒有過多嘛。水過盛就要向下流，對不對？水盛就是水太滿了向下流，男女就起欲念。

「水不過盛」，它沒有滿出來，「火不過衰」，火在上面沒有太衰敗。譬如老人眼睛花了，火氣陽氣沒有啦，那個電能電池用乾了，就是火衰了。可是老了雖衰，仍然剩了一點點，雖然只剩了一點點水火，那個種子還在呀，你自己可以把它點燃的，那容易得很！但是難就難在放不下。兒女放不下，錢財放不下，功名放不下，衣服放不下，頭髮放不下，沒有一樣肯放下的。誰能真放下？有兩個人，一個死掉了，一個還沒有生，包括我們在內都不肯放下。要放下就不講這個書了，你也不要來聽啦，都沒有放下啊！

因此剩一點點水，剩一點點火，你自己不肯去點，也點不燃，水也漲不起來。假設「水不過盛，火不過衰」，水火是自然的現象，雖然我今天幾十歲，只要一口氣在，水火還是這個現象。所以只要能「心一境性」，萬緣放下，一切都無欲無私，真放下了，就這樣定下來，則「日以施德，月以舒光」，氣血精神自然都在成長。「水火自然之性情，即陰陽交感之常道」，你看我們修道的人，天天想坎離交媾，陰陽相交，要打通任督二脈，其實沒有死以前，都是通的啊，不通就要死了，就病了。人為什麼睡覺呢？睡覺雖然不是真正的無念，不是真正的清淨，而是差不多接近清淨。一清淨下來，什麼念頭都放下了，才能睡覺啊！有一個念頭吊住就睡不著了嘛，對不對？這個經驗大家一樣吧！所以念頭放下睡著了，它本身陰陽自己交媾了，這是常道，不要你去做主的。一覺睡醒精神又來啦，你懂了這個道理就好修道了。

道怎麼修

那麼修道怎麼修呢？一天二十四小時如果永遠那個樣子睡覺，你做得到的話，一定成功！快的話七天也成道；慢吧，十二年十三年，但是要專修。通常能像睡覺一樣，萬緣放下，真要睡覺，叫你去吃也不要吃了，那真放下了。所以道家叫「上品丹法」，那是沒有方法，但七日可成大羅金仙。等於佛學一樣，許多出家的比丘聽佛一說法，放下了一修，七天證羅漢果的很多。大阿羅漢果同大羅金仙一樣，六通具足，這個並不難。理論上講起來容易，做不到啊！我們一般修道，都自作聰明，用許多方法反而阻礙了，所以這個要特別注意。這兩句話在講理論，但他都點穿了無上道法的祕訣，「**水火自然之性情，即陰陽交感之常道**」，它永遠同天地日月一樣的運轉。

「**薄蝕災變，何自而生**」，你只要不違反這個原則，順著自然法則去走，不加人為，不增不減，就沒有月蝕也沒有日蝕。所謂走火入魔，哪裏是火哪裏是魔？魔也是你，火也是你造的。所以老子始終告訴你「人法地，地法天，天法道，道法自然」。這個法是效法，你只要效法自然的法則，就不會有錯，就不會走火入魔，然後一路直上。所以上品丹法七天而能證大羅金仙，並沒有錯，不騙你。而上品丹法同禪宗一樣，是無為法門，沒有方法的。有人說氣脈打通，手發燙了發電了，你發電總沒有電力公司那個電那麼大吧！你手燙，來治治那個癌症的，醫院裏躺了很多，你能把他燙好了，癌症燙化了，我第一個給你磕頭，但是不拜你為師。我恭維你，可是你差不多就要完蛋了！因為道法自然，所以千萬不要愛好稀奇古怪。

這一段，他解釋原文「**故曰，陰陽相飲食，交感道自然。**」《參同契》原文十個字，我們生命本身就具備陰陽，陰陽互相為飲食。陽極了靠陰，陰極了靠陽。精神太旺了需要休息，靠陰來調劑；休息太久了需要清醒，清醒起來運動運動調劑。陰陽互相飲食，這就是交感之道，陰陽交感是自然的法則，不是人為的。所以道，也不是你修得出來的，生命本身就是道，合於道的法則。那麼我們修道呢？理解這個本身就是道的法則，順其自然就是看住它怎麼變化，讓它自然去，千萬不要加以做主，只要把它看住就是了。《心經》說「照見五蘊皆空」，就是照住，看見，讓它隨便跑。等於一歲的小孩子剛學走路，你就看住他，跌一跤沒有關係，自己起來，只是照應住，不要加以主導。陰陽相飲食，自然互相感應，自然道交，自然交感。

王陽明，明朝這位大儒，也學過道的，道家佛家工夫都很好，也有神通。後來他這些都不搞，他說這些都是玩弄自己的精神而已。你不要認為王陽明這個話是批佛批道，那是初步的內行話。像一般人所說任督兩脈打通，放光動地，有神通啊，這些都不要跟王陽明談啦，他內行得很，全盤會；不是理論上會，他工夫都做到啦。至於最後形而上道呢，對不起，又是另外一回事了，王陽明當然還是有問題的。

第五十八講

變道常道與還丹

「日月反其常道，故云薄蝕。陰陽循其自然，故云飲食。蓋以造化日月之合，有常有變，喻身中坎離之交，有得有失，不可不慎密也。」現在這一節是最後的結論。古代天文解釋日蝕月蝕，就是「日月反其常道」，與平常不一樣，因為日月兩個走在一個軌道上，或者太陽遮住月亮，或者是月亮遮住太陽，就造成日月薄蝕。假使不故意去遮住它，陰陽順其自然行走，等於人吃飲食一樣，吃下去維持生命，丹藥也是根據自然來的。

「蓋以造化日月之合，有常有變」，所以修道要懂這個原理，造化代表這個宇宙，宇宙太陽月亮的起落、升降、分合有常。太陽每天都是從東邊上來西邊下去，月亮的升落也是固定的，就是所謂的常道。月蝕日蝕則是變道，那是不經常的，軌道上有變化啦，用這個做比喻。「坎離之交」，水火的交媾，「有得有失」。像賺錢做生意一樣，一點一點累積起來，就成丹，使生命返老還童。搞得不對時，雖年輕也可以喪命。有得有失這個道理，要搞清楚，不可不謹慎，不可不嚴密的管理控制自己。

再看原文，「名者以定情，字者緣性言。金來歸性初，乃得稱還丹。」言語文字是一個表達，思想變成言語，言語變成了文字。每樣東西有個名稱叫名辭，古代叫名字。講到名字，名是名，字是字。我們這個傳統文化，每人都有一個本名、小名，家譜譜名，又有號、還有別號，等於現在人筆名一樣，用了幾十個都有的。後來這個舊文化推翻了，因為一個人那麼多名字搞不清楚了。過去我也有很多字啊、號啊，隨便順手寫個什麼就是什麼。他說「名者以定情，字者緣性言。」情、性兩個字需要注意啊！這是我們傳統文化。名以外有個字，字是對這個性來講。性是體，情是用，情性是不同的。情等於現在所謂講情緒，像喜怒哀樂啊，衝動的妄想、妄念也是屬於情的；性是靜態的，不動的，寧靜的那個是性。性是先天，是體；情是後天，是用，我們一般的只是用情。所以真正明心見性，是由用歸體，返本還源。

「金來歸性初」，金是後天性命修法起作用，返回來回到性。什麼是金呢？我們講過幾次啦，生理上肺屬金，精神上那個妄想能夠思想能夠知覺的那個是金。知覺感覺回到本來清淨面，氣住脈停，工夫做到呼吸停止了，乃至血脈的流行也凝住啦，就是「金來歸性初」。這個時候才叫做還丹。

朱雲陽真人這個註解更清楚，我捨不得把它跳過去。「此節，言金返歸性，乃還丹之了義也。」道家的名稱「金返」，是回轉來回到性。剛才我們講過，金木水火土五行的代號，身體上肺部是金，管呼吸，管氣的。精神上有知覺的這個屬金，這是本性起的作用。身體方面工夫做到氣住脈停；精神方面工夫做到一念不生全體現，任何思想妄念都沒有了，這個就是「金返歸性」。到達這個境界，道家叫做還丹，就是真得到還丹啦，這是還丹的了義。了義這個名稱是佛學裏的，佛經分了義與不了義。有些佛自己講的經，那是對程度低的方便說法，是在某一種特殊情形下講的不了義教。了義教是澈底的、直接了當，講到明心見性。

注意工夫進步的變化

「離中元精，本太陰真水，又稱木液。坎中元炁，本太陽真火，又稱金精。丹道以水火為體，金木為用。」這完全是講工夫境界，我們再三提到離是心，心念，眼睛也屬於離。坎是身上的氣血精液等等，耳朵屬於坎。老年為什麼聾啊？元氣虧損了，因為耳通氣海，有形的氣海就是在肚臍以下。你們會針灸的，就曉得氣海穴。他現在講離中的元精，我們頭腦清醒，耳朵聽得見，眼睛能夠看，六根能夠用，這是六根的光明，這就是「離中」的「元精」。這是精神之精，不是精蟲卵臟的精。他說這個「離中元精」的根本是太陰裏出來的，「本太陰真水」。如果氣血不旺盛，下元不堅固，上面精神就沒有啦，所以老了，真水衰了，眼睛、耳朵也不行了，一切都不行了。

中國人，尤其廣東朋友喜歡進補的，老年人吃補品，高麗參啊一大堆！常常很多人被補藥補死了，毛病都是補出來的啊！說真的，偶然要補一下的話，老年應該是補陰，不是補陽啊！高麗參這些補陽的補不得！有些人身體是虛的，虛不受補，他本來虛了裏頭都是虛火，本來都在冒火，補藥一下去更發炎，慢慢病倒了不可救藥。到了中年以後，真正的補藥就是靠自己，也就是道家講的，「上藥三品，神與氣精」。精氣神怎麼培養轉來呢？心靜、妄想少、欲念少（廣義的欲）、寧靜到極點時，自然「太陰真水」就培養出來，精神也就來了。

所以「離中元精，本太陰真水，又稱木液」，在道書上，元精另外一個名稱叫做木液，木屬肝，所以太陰真水另外一層意義也叫「木液」，就是肝功能。肝功能幹什麼的？藏血的，真水有形的就是血，血是什麼？「木液」。說到肝及肝功能，東方人得肝炎、肝病的也最多，差不多都是肝血出毛病，就是血液的問題。

木液旺了以後，陰極陽生，陽精就來了。這段「坎中元炁」，坎卦裏頭「本太陽真火」，是上面的精神照下來的，「又稱金精」。精神靠氣來的，氣充足了就滋陰了。所以要想修道成丹身體健康，就是坎離兩卦轉過來，也就是「水火為體」，一水一火，一動一靜，一空一有。有時要空念頭，有時要提起念頭，有時要修上竅，有時要下降，運用之妙是火候問題，在於你自己，搞不清楚永遠修不成的。所以修道之難，要靠智慧，不是說師父傳個工夫給你，死死的守住那一點就修成功了，那樣只會修死，不會修到長生不老！

真正要調整身上的血液是滋陰，老年滋陰是補一些膠質，膠質多就滋陰。譬如說白木耳、龜板膠都是滋陰的，不是補陽的。但這些補藥，老實講我碰都不碰，不敢碰。人修道就要靠自己，還去靠草木、動物，好丟人！對不對？作人就要有志氣！偶然借用一下也需要的，借用一下欠點賬就欠一點，但是全靠這個是靠不住的，還是要靠自己。你看龜鹿二仙膠一個補陽一個滋陰，可是如果你這個身體內部氣血不調整好，吃藥也沒有用。修道的人氣血修對了，那個藥只有一點下去就起大作用了。實際上藥只借用了這麼一點，重要的是我們要瞭解氣血，「金木為用」，金是氣，肺部的；木是肝，血液的。

「關尹子曰，金木者，水火之交是也」，關尹子說就是這個東西。「金木雖分兩物」，雖然是兩樣東西，一個氣一個血，「究其根源，只一金性」，金性是什麼？金性在後天講就是念，一念思想來，萬法唯心造。究其根源，「金性本出先天之乾，未生以前，純粹以精，萬劫不壞。」這個地方金性是指我們思想，就是《楞嚴經》上佛說的「堅固妄想以為其本」，堅固妄想同黃金一樣顛撲不破。

仙道　外道　魔道

說到這裏順便告訴你們，在《楞嚴經》上，指出來修行的關鍵重點，就是走岔路的五十種魔境界。佛把生理跟心理，歸納為色受想行識五陰，五陰各有十種魔，共有五十種，仔細分析還要多。最後佛罵什麼人為外道呢？連他的弟子證了羅漢果的聲聞緣覺，都屬於外道，因為心外求法，沒有澈底明心見性。佛在講五十種陰魔時又提到仙道，不屬於魔也不屬於外道。所以梁啟超他們認為《楞嚴經》是偽經，因為他一看到仙字，哎呀！這個仙啊神啊只有中國有，印度沒有的啊！他們就是學問不通！民國初年梁啟超他們，對這方面知識還是有限，學問不淵博，認為把中國神仙都加進去了，所以這個經是假的。其實印度的仙道之說跟中國一樣，存在了很久，婆羅門教、瑜珈都是修煉仙道的。

道家講神仙有五種：鬼仙、人仙、地仙、天仙、大羅金仙。佛說仙道有十種，他沒有說是魔道，也沒有說是外道，他說這些修成神仙的，壽千萬歲而不死。雖然長生不死，因為沒有明心見性，所以墮落為神仙沒有成佛。假定這些修成神仙的人，又大徹大悟了，佛他老人家一定說那當然是佛！經文講了一半，你要看清楚。

佛分析的有一條就是我們講的，由修煉精神，堅固妄想而成功，特別講堅固妄想。所以修密宗的人觀想修成功了，也是堅固妄想成佛，觀想成佛。你把它融會貫通以後，哇！這個學問蠻好玩的，我們跳開了佛道的這個圈子，站在學術的立場上講，都是研究生命奧祕的一種學術。丟開宗教外衣及仙佛觀念，生命就是有無比的奧祕，有無窮的奧妙，可惜人類自己不知道。假設人類知道了，的確可以袪病延年，長生不老，每人自己對成佛都有把握。不過我還沒有做到，在理論上我可以提這個保證。

道家的工夫

現在回轉來講金性，這個地方金性不是代表肺部的呼吸了，而是代表「念頭」，就是這個思想，堅固妄想。我們這個念頭思想哪裏來？「本出先天之乾」，道家主張是從本體乾卦而來。「未生以前，純粹以精」，父母沒有生我們以前，我們沒有投胎以前，這一念還沒有動。這是禪宗了，一念「未生以前，純粹以精」，道家講這個精，不是精蟲卵子的精；這個精也就是《楞嚴經》上講，「心精圓明，含裹十方」，妄念不生的時候，一念清淨。禪宗祖師講「歷歷孤明，光吞萬象」，就是這個清淨，這個就是「精」，也就是說煉精化氣這個作用。後世的道家反而在精蟲卵子上動腦筋，其實在身體裏不是這樣化的。

再說什麼是精，「未生以前，純粹以精」，這個東西做為精神「萬劫不壞」，是不生不死。你看道家的老祖宗，老子講「恍兮惚兮，其中有物，窈兮冥兮，其中有精，其精甚真，其中有信。」老子形容恍兮惚兮，不是我們現在所講的昏頭昏腦；恍是心字旁邊發光，惚是心字裏頭流動，活潑得很。老子的恍兮惚兮是很光明，很活躍！這個境界裏頭是「真精」。

「其精甚真，其中有信」，信是什麼呀？就是有消息。「有精」是有一個象徵，做一步工夫，有一步的現象出來。你懂了這個，也就懂了老子，懂了清淨道，也懂了佛。這個是萬劫不壞的。我們這個精神，這個念頭，「只因有生以後，混沌一破，走入坤宮，是為坎中金精。乾家之性，轉而稱情。」嬰兒一生下來，還在混沌境界，到了嬰兒頭「頂」一封住不跳，就會講話了，先、後天分開了。混沌是先天後天在一體，一旦分開，就是混沌破，這是第一層混沌。

後世道家認為，男女到了性知識開了就叫做破了混沌，這個是後世的解說，也通。不過這種說法是有形的道家，屬於低一級道家的說法。正統的大道，混沌不是講這個了。當我們一出娘胎的時候，勉強可以說混沌還在，已經清醒了一半，等到混沌破了，這個先天之性走入坤宮，向下沉了。所以孩子們玩兩個腿，生命從下面生長，尤其男孩子睡夠了，精神夠，就是老子講的「朘作」，小孩子自然陽舉了。這時小孩沒有欲念，是生命的本能。女孩子的現象在內，不是朘作，是有一種不安，那個現象就是她真陽發動，可都沒有欲念，此謂「坎中金精」。所以後天坎卦金的精神變出來性荷爾蒙，精蟲卵臟是第三重的投影了。

那麼「乾家之性」，原始以來這個先天一炁，乾卦的，本來光明清淨的人性，剛才講歷歷孤明光吞萬象那個「乾家之性」，「轉而稱情」，已經把性轉變成情了，本身裏頭起變化。所以我們後天，都是用的妄情，佛家叫妄想，道家或者中國的儒家稱為妄情，虛妄不實。我們自己被自己騙了，被後天的感情作用騙了。譬如說夫妻吵架，都是妄情，這個情是古怪的東西，害死人的東西，有情就有累。但是欲界的生命，一個情字維持住那麼多人，尤其中國現在已經有十二三億人口了，那就是一個情字變出來的。好的是它，壞的也是它。了情返而為性，如果這十二三億就變成了百千萬億化身佛，那就不得了啦！

「乾之一陽，既變為坎，其中，換入坤之一陰，是為離中木液」，先天本性到了後天，生命向下走了變成坎卦，這個東西是坤卦先天本性。我們剛才講過，嬰兒這個頭頂與宇宙通的，等於莊子講與天地精神相往來，到了這個頭頂一封住時，咚！到下面了，換入坤中一陰，是離中的木液。這個精神轉到肝臟，生血生氣，到了後天的生命。

「坤家之情」，坤屬陰，後天五陰蓋住了，這個妄想的思想作用「轉而稱性」，我們普通學術研究人性，都是講的後天的作用，講先天本性的學問太高了。以我的經驗，形而上講本性，儒家也好，道家也好，西方的宗教也好，哲學也好，都沒有辦法跳過如來的手心，應該是佛學第一。但是講做工夫，由凡夫一步一步超凡入聖的工夫細節，釋迦牟尼佛要讓一讓了，以我的看法是道家第一。尤其生理的、物理的細密工夫，正統道家都切實告訴你了，你跳不出這個範圍。這是佛家所沒有的，不管你密宗怎麼講法，還是不及道家。如果要站在學術公正的立場，講人倫之道，治國齊家平天下，這兩家都比不過儒家及諸子百家。

所以我們這個文化有三位老師，我常常告訴你們青年人三句話，「敦儒家的品性，參佛家的理性，修道家的工夫」。形而上的理沒有辦法超過如來的手心；「修道家的工夫」，不是轉河車這一套！正統道家的老莊之道、神仙丹道和《易經》，是道法自然之道。儒釋道這三位都是我們的老師，了不起的！如果到外國去我們還要請耶穌老師幫忙，到中東去就要找穆罕默德，這樣一來我變成五貫道啦！紅卍字會五教一家。這是順便講起，告訴你們年輕人，我們研究人性就要知道，人性都是後天的，因為「坤家之情，轉而稱性」。

第五十九講

人好靜　情好動

現在這一章還在講還丹，就是我們一般所講的「九轉還丹」。丹是道家的代名辭，就是長生不老之藥。嚴重的講，所謂丹是修命，這個命就是指現在這個生命之命。所謂修命還丹以後，還沒有完，還要再加緊修的。

再看註解的文字，「蓋木主寧靜，字之曰性，所謂人生而靜，天之性也。」這個金木，道家有些書上稱為金公某某，金是以男性代表，木是以女性代表。金在身體內是肺是氣，木是肝主血，這是有形的氣血兩種，氣血是第三重的投影。這裏講的與我們活著的氣血有沒有關係？也有關係，因為氣血是精神所生的東西。木代表萬物發生，生命力很強。木的性主寧靜，本來是安靜的，道家給它的名字叫做性，但是這個不是佛學講明心見性的性。

如果我們加以嚴格的規範，佛家所講的性也分好幾個層次，見性是澈底的。這裏所講的性是中國文化《禮記》所提出來的「性情」那個性，屬於後天的。道書儘管說是先天，如果我們拿學術哲學分類，它仍是屬於後天。這些學術性的分類我想不必多討論，大家並不需要，只是要知道這個木是代表寧靜的。

「人生而靜」，靜態就叫做天性。其實不止人的生命，由觀察得知，雖不是自然科學，但是萬物都在靜態中發生。雖然生命本身是動的，但是外形都是靜的。一顆種子在地下，要很寧靜的狀態才可發芽，土壤在動亂中什麼都不能生長。實際上以哲學科學的道理，生命本身成長就是個動態，可是我們觀察外表的現象，講它是靜的，這在學術分野上我們要清楚。這裏講人的生命，天生而靜，好靜是「天之性也」。所以我們人很懶，好吃懶做，乃至一切不努力，最好張開嘴巴飯就從天上掉下來，心裏一想口袋裏就裝滿鈔票了。因為人性本來好靜、懶。

「金主流動」，金性是代表主體，愛流動跑動，「名之曰情」，這是中國文化性情兩字。「所謂感于物而動，性之欲也」，這個情哪裏來呢？情的體就是性。以道家分類，情是用，說是外感交感的作用，使這個情動了，動情了。所以這個情就是人類本性的欲望，是它的作用。狹義的性欲，只指男女關係的欲望，這裏說的性跟欲是廣義的，對一切欲望的要求就是性的欲望。中國文化把生命分為性與情，我們講到儒家《中庸》的思想，宋明理學家就拿喜怒哀樂這四種現象來講心的作用，我是特別的反對。宋明理學家搞錯了，喜怒哀樂是情緒，不是心的思想。發動喜怒哀樂後面的那個作用是心是思想，如果把喜怒哀樂籠統歸到心，這是宋明理學對自己的文化沒有搞清楚！理學影響中國文化八百多年，使民族的文化變成一個死的文化。宋明理學家，我敬佩他們的人格，可是他們的學理該打耳光，你們去注意研究宋明理學就知道了。

而且還有一個問題，喜怒哀樂不一定是心理發動，有時候是受生理影響來的。一個人有時情緒不好，是生理上病的原因。譬如肝氣不舒，胃不好，痛苦難受，你叫我不發脾氣做不到。理性說不必埋怨人，生病痛起來非要發脾氣不可，因為它是情。所以修養到由性歸到不動情，那是最高的修養了。宋明理學家這一點是亂七八糟，全錯了，不合邏輯。

性欲情

現在我們講到性跟欲，佛學到中國來也引用了性與情的關係，在《楞嚴經》中提到，「純想即飛，純情即墜」。一個人思想越多，思想心理向上升，老年人睡不著，因為頭腦虛幻想多啦。純情即墜，年輕人跟著情欲跑，思想沒有那麼高，所以讀書很笨；讀書聰明的孩子，情的力量差一點。情多想少或者情少想多在六道輪迴就分開了，譬如說變畜生的人，情多想比較少，下了地獄都是情多，腦子不靈光。這是順便講到《楞嚴經》上這兩個字。

性跟欲在正統的道家講是後天的，他說「感于物而動」，動情是性的欲望。所以性跟情，「兩者同出異名，譬如只此一個人，既有名復有字，名字雖分兩樣，性情原是一人。」這是比喻，譬如一個人有個名還有個字，名字雖然兩個，實際上代表同一個人。一個人分性跟情兩面，清楚的講，一個是知覺思想狀態，一個是感覺狀態。像我們說舒服不舒服是感覺的，這個必須要參考佛學的唯識學，有關「色受想行識」的道理。命就是佛家講五陰境界的色陰，包括了一部份受陰感受。佛把人的感受分三種：苦受、樂受、不苦不樂受。我們人生大部份是在那裏受苦的，沒有真正受樂，除非修到剛才所講的「情來歸性」，生理起了變化，就是這個色身起了變化，那就有得樂的境界。所以佛家講禪定，三禪定的境界都是樂的境界，絕對的快感，沒有痛苦的感覺。

「故曰」，引用《參同契》的原文，「名者以定情，字者緣性言」，這兩句話現在他解釋完了。根據這兩句話，他引申「其初乾中之金，變而成坎，便是性轉為情。一轉則無所不轉，輪迴顛倒，只在目前，所謂順去生人

生物也。」這本書的註釋者朱雲陽真人，是清代一位有成就的道家，清代是我們的近代，已經「儒釋道」三家滙合了，那真是三家一貫啊！「**其初乾中之金**」，乾卦代表宇宙本體，金是宇宙本體那個先天之性能，在我們身體上當然是大家都一樣，性是同體的。我們這個生命大家同體，中國人不講那麼多的哲學名辭，我們都是天生的，一個天就代表了。天生下來我們這個命是乾卦，上下二爻變了，中爻不動，不動就是中間的中心沒有動過，外面變了。一變成坎卦，坎為水。

天一生水，我們提到過幾次，這個天也是代號，代表了本體，動就生出水來，不動就是沒有變；沒有動以前這個生命本體純粹以精，是精神的精。所以「**乾中之金**」，這個純粹以精的本體「**變而成坎**」。坎在我們身體就在北方，屬於下部，在頭上就是耳朵，所以年老耳朵聾了，氣血虛了，因為耳通氣海，氣海穴在丹田之下，所以後天的生命，它的功能在下部是第三重投影。

它這一變為坎，就是後天「**性轉為情**」，已經由性轉變為純情了。這個情是性變來的，情還不是壞東西，情加上妄念就不行了。妄念一個籠統名稱叫做欲，情加上欲望就變了，這「一轉則無所不轉」，就是我們所講的墮落，「輪迴顛倒」，跳不出去了。

道家的解脱

出家人的修行叫做修解脱之道，光是解脱還是羅漢小乘的境界；大乘佛菩薩修報身，報身轉了，不需要另外解脱。所謂解脱分兩面來說，鹽巴溶化在水裏，把鹽巴凝固拿出來，水是水，鹽巴還是鹽巴，那是解脱的辦法。道家所說的解脱有好幾種，一種叫做「尸解」，屍體留在這裏人已經修成功了。但是尸解也有很多方法，譬如修到最後很難解脱，故意闖個禍犯個罪，被殺頭或槍斃，叫做「兵解」。這是借用別人的力量把自己這個肉體處理了，把這個雞蛋殼打破好跑出來。

借兵解而去的還不是太高明，可見功力還不到，跳不出來嘛，這是說跳出三界之難。尸解在古代辦法還很多，人死了把他買個棺材埋了，一年或者三年以後，你打開一看，棺材裏沒有屍體，或者只是剩一根手棍。他有一套方法，用個物件把它變成自己，裝進棺材，然後連身體到別處再修過。這種尸解是比較高的，借物化形而去。《神仙傳》上這些人不少，這種方法靈不靈不知道，反正我也不會這一套，沒有經驗向諸位報告。

空話不談，你要曉得道家所謂解脫，不是這個道理。道家所謂修成金仙的境界，就是大羅金仙，同佛家的理論是一樣的，是自己轉變這個肉體，整個的變，所謂脫胎換骨，不是尸解、兵解，那些不是解脫之道。所以學佛單講解脫是羅漢的境界，佛家認為法身、般若、解脫三個連起來的成就，是大成就，否則是小成就。換句話說，解脫的成就，嚴格的講起來，還是陰境界，沒有達到「純陽」。陰境界的人得到這個陰神成就，也可以尸解而去。他有所成就，我們勉強的講叫做鬼仙。其實也不是鬼仙，不是普通那個鬼，佛家名辭叫做非人。這類非人不屬於人，無形相，人們看不見摸不著，可是它的生命是存在的。佛經上經常說：「人與非人」、「人、非人等」。非人是比我們人高一級，不是人，與我們不同，但也不是鬼。

順為凡　逆為仙

這個裏頭說輪迴顛倒，統統受後天的精神魂魄所支配，佛家叫做「色」，色的力量屬於四大。譬如我們「性」想靜，想清高，但清高不來，你非吃非穿不可，跳不出這個物質約束。我們思想可以超越物質，可是身體就做不到，本來生命這個功能應該做到，但是我們人做不到。道家認為絕對可以做到，是我們自己沒有把它凝固攏來，沒有「還丹」。這個道理禪宗雲門祖師就說過，「我有一寶，祕在形山」，我們大家都受形體所限。所以《西遊記》那個孫悟空，被佛的手掌心一翻就把他壓在裏頭，叫做五指山，就是五大把他壓住了。孫悟空在裏頭沒有辦法，把頭伸出來，這個頭腦還靈光就是跳不出來。我們思想靈光，但跳不出這個肉體。孫悟空後來碰到唐僧，他說：「師父你救我！」「我怎麼救你啊猴子？」他說：「山頂最高處有一個符咒，觀音菩薩貼在那裏的，只要把那一張撕掉，我就跳出來了！」唐僧爬到山頂一看，原來是六字大明咒「嗡嘛呢叭咪吽」，這樣一撕，孫悟空「咚」一下跳出來了。哈！這個是修法啊！怎麼跳出來呢？行善。

現在我們在這個裏頭，就是這一轉很嚴重，所謂「性轉為情，一轉則無所不轉，輪迴顛倒，只在目前，所謂順去生人生物也。」順這個路線就是人的生命，也可以說「順去生人」。坎卦在下面一動，我們人欲一動，性欲就動了。後來的道家錯認為要壓制這個欲念，只要把這個精收回來就可以成仙。這是有理論根據沒有錯，但是那個有形的精如何收回來化掉？怎麼化？一個有形東西回轉來化，像把東西吃到胃裏，有些還消化不了呢！所以這完全是錯誤觀念，不是這樣的道理。這個「順去生人」，就是向下走，向下流，以此生生不已。

「今者，仍取坎中真金，還而歸乾，便是情返為性」，所謂取坎填離，坎卦中爻這一陽，這一點真陽生命的本源，拿來填滿離卦。離中虛，現在把先天一炁的坎卦中一陽，取代離中的陰，「便是情返為性」。「一返則無所不返」，所以說九轉還丹。「堅固圓常，頓超無漏」，這個無漏是普通道家一個名稱，後來佛家也用。漏丹就是這個漏，男女情欲而漏掉這個生命，也就是肉體這個命的根漏了。其實眼耳鼻舌身意六根都在漏，無漏是全體無漏。證到了無漏，道家有個名稱叫做「無縫塔」，這個身體變成沒有縫的塔了，尤其是北派道家丘長春很喜歡用這個名辭。佛家叫做「無漏」之果位，即阿羅漢果位，「所謂逆來成聖成仙也」，倒轉來走才成仙成聖。

寂然不動　感而遂通

這個理論他講過了，修道的方法呢？他說「學道之士，若能於感而遂通之後，弗失其寂然不動之初，而丹乃可還矣。」這個非常重要，修道怎麼修呀？「感而遂通」，「寂然不動」，這兩句話是《易經繫傳》上的，作者是孔子，是中國哲學先天的心物一元基本理論，是說生命的自性寂然不動，永遠是不動的、寂默的。後來佛經翻成涅槃，是寂滅的意思，也是其中一個理由。寂滅的東西寂然不動，本來沒有動，超越時間空間；但寂滅可不是一個死東西，只要一個感應，一交感一動，它就起用了。用了以後呢？由用返歸於體，用過了還是回到體。你說體沒有東西那是空的，但是有感就起作用。佛家的比喻也是一樣，「全波是水，全水是波」，我們本性像海水，外面的境界風一吹，就起波浪了，這就是感而遂通。外在風不感的話，浪也平息了，又回到水。

再講回我們的思想，人這個思想情緒本來沒有的，嬰兒生下來沒有說話以前，寂然不動，沒有喜怒哀樂、思想、分別的觀念很少，第六意識沒有成長。等到頭頂嘣嘣跳那個地方封口了，開始學講話有思想分別。第六意識慢慢成長是後天習慣性的，我們現在的第六意識差不多都是情的方面。說到修道，佛家同道家一樣的，就是如何把情返回自性，歸到本體。現在諸位聽到我講的話，因我這些話而引起了思想，又分別對或不對，這個也是感而遂通。感而遂通使思想念念遷流，在第一個思想過去之後第二個思想還沒有來時，中間這一段你要看清楚，「弗失其寂然不動之初」，又回到原來那個不動清淨境界，這是用心理狀況的方法用功。佛家的止觀啊參禪啊，專從這個地方入手修行。道家也注重這個思想觀念感而遂通之後的身體，當情動之後，我們欲念一起來，真正有修養道家有工夫的，就曉得欲念是個火，那一股發燒的力量向下流去。「感而遂通之後，弗失其寂然不動之初」，在身心激動之後能夠清淨得住，這就可以還丹了，「而丹乃可還矣」。那個生命力量不漏、不動，久而久之可以脫胎換骨。

要特別注意，伍柳派流行的還精補腦煉精化氣，所注重的也在這個地方，也就是欲念沒有動以前，那個情動了。假設情動了男女欲念來了，只要有一點點，就是水源不清，已經不能用了，不可以返還。要清的水源才可以用，伍柳派說的不能說完全沒有道理，就是《慧命經》《金仙證論》《性命圭旨》這一套道書中的。你們在座諸位各路神仙，要注意啦，講清的水源，就是欲念沒有動之前，這個時候能夠煉精化氣，勉強可以說還精補腦長生不老。所以不能亂搞，以為是修道，那個後果嚴重極了。

這個裏頭有一個大問題，當氣動欲不動以前，可以說沒有刺激到製造精蟲這個地方，這時勉強可以講伍柳派說對了，水源之清還算可以，可是已經很難化了。這個道書上沒有，你要看別的書才會發現。我們的老祖宗黃帝，最後得道成仙，他的老師是廣成子，封神榜上寫他法力無邊。廣成子告訴黃帝，修道這個「至道之精」，當情緒感情在清淨境界中一動，已經把精搖動了，可見這個精不是精蟲卵子啊。

第六十講

還丹的作用

我們講到這個還丹，「金來歸性」就是情欲之念完全清淨了。講清楚一點，氣住脈停了，呼吸之氣當然沒有，身上毛孔呼吸之氣也停了。所以「金來歸性」，在外面的現象是氣住脈停。「故曰」，所以《參同契》原文「金來歸性初，乃得稱還丹」。金是流動之氣，他說修道就是這兩句為重要的中心。「此兩句，不特為一部參同契關鍵，且能貫穿萬典千經」，這兩句話不但是《參同契》的關鍵，千經萬論都不離這兩句的原則。他引用了佛經「楞嚴經云，如金鑛襍于金精」，金鑛裏剛挖出來的黃金沒有經過鍛鍊，「其金一純，更不成穢」，經過鍛煉就是提煉出來，就是我們身體情來依歸性了。一念不生氣住脈停，這個時候「金來歸性初」，回到本源，永遠不會有後天的雜念了。「圓覺經云，如銷金鑛，金非銷有」，這個金是本來有的，因為我們念不動了，氣也住了，它回來了。「既已成金，不重為鑛」，提煉恢復成黃金以後，「經無窮時，金性不壞，是此義也。」永遠保持不壞，這是佛在《圓覺經》上講的。《楞嚴經》講的也是這個道理。

「呂純陽云，金為浮來方見性，木因沉後始知心」，這兩句是呂純陽的名句，金性喜歡流動，說「金為浮來方見性」就是氣。氣分三種我們講過的，但是這個氣，勉強講一句，不是呼吸的氣，而是息了。「木因沉後始知心」，木為情，雜念妄想不起，本心出現了，所謂明心見性了。

張紫陽真人這位宋代祖師也講過，「張紫陽云，金鼎欲留朱裏汞，玉池先下水中銀，亦此義也。」這也是講這個氣跟性情歸納起來作用。「可見三藏梵典，只發揮得金性二字」，說佛家道家儒家的各種經典，就是講性情兩個字。「萬卷丹經，只證明得還丹二字，且更兼質之義易，若合符節」，他的作用同《易經》的這個卦象程序作用一樣。他說我們懂了這個，自己就曉得用功，「可以豁然矣」，就清楚明白了！「還丹法象，已備見上章，此特結言其名義耳。」還丹已經在上章講得很清楚，這一章不過是特別說明它的作用或者意義。

再說大小周天

我們要把性情這個道理講清楚，雖然第十五章尚未完，但是我們先參考「坎離交媾章第十八」，因為這裏與前面還丹有關連。「此章，言坎離交而產藥，應一月之晦朔弦望，乃小周天之火候也。」希望諸位把十二辟卦的表帶來。在這個身體內部，大的叫「乾坤交」小的叫「坎離交」。乾坤交就是大周天，坎離交叫小周天。從道家伍柳派以後，大家對小周天有一個似是而非的觀念，認為做工夫，氣脈從背上慢慢爬上來，爬到頂上再到前面這樣轉一圈，所謂轉河車，認為這就是小周天，認為小說上打通任督二脈就是小周天。假定承認身體有形的任督轉動這個感覺叫小周天，請問大周天怎麼轉？所以這個小周天的說法已經有問題了。現在正統道家告訴你，周天就是天上一圈，陰曆每月月亮一出來到沉下去，這一圈叫做小周天；大周天就是太陽的行度一年。太陽行度也是我們人為假定的，太陽在太空中走一度，等於這個錶秒針嘀噠這麼一度，這就是我們一個白天，一年三百六十五度多一點，這個太陽的行度，也就是大周天。到人體上來說，我們做工夫剛才講「金來歸性」，歸到本位，就是大周天。妄念歸到如如不動的境界，也就是還丹的現象。修神仙長生不死之道能還丹的話，那可以說是成功一半了，可是還要繼續修的。

坎離交媾章第十八

晦朔之間，合符行中。混沌鴻濛，牝牡相從。滋液潤澤，施化流通。天地神明，不可度量。利用安身，隱形而藏。

這一段是修練還丹的現象，換句話就是本身的「坎離交媾」。這兩個名稱我們都不厭其煩反覆再講，怕諸位不大熟悉。坎卦在身體上是腎，腎是水。離卦是心，心也包括腦筋的思想，腦下垂體。坎卦不只是兩個腰子，還包括前面的青春腺，腎上腺，性腺；在男性包括精子的部份，女性也一樣，這都屬於坎卦的腎。所謂心腎相交就是上下相交，這個我們也講過，年老中氣虛了，所以睡眠不好，因為心腎不交，也就是水火不交，也叫坎離不交。

中藥有許多調整方子，像小還丹啊，什麼龜鹿二仙膠，都是滋陰補腎，降心火的作用。在理論上說對，但是各人身體不同，加上其他的外感，當然不靈啦。有人吃那些藥，又非常靈光，所以順便告訴諸位，尤其是學中醫要懂得這個，修道更是非懂醫藥不可。修道的人個個通醫，天文地理、氣候變化、衣服飲食統統要注意，一不注意馬上病了。病了不要緊，一天到晚老是要給你們拿藥，像照顧媽媽爸爸一樣的麻煩，而且藥也很花錢哪！我說你們多慈悲慈悲我，這個不能不懂啊！自己又不懂又要修道，怎麼行！

「坎離交媾」就是這樣，人能夠天天坎離交，精神水火相交，換句話說，神跟氣兩個凝定就是坎離交。這一段我們還是用朱雲陽真人的註解，比我講的還清楚，我在他這個註解上再加以解釋幫助大家。「此節，言晦朔之交，日月會合，為大藥之根本也」，每個陰曆月底月初之交，從二十九到初三這五天，天黑無月亮，就是晦就是全黑。全黑在天體的現象叫做純陰、至陰；五天之後，月亮慢慢由軌道移出來了，是謂朔。

這是講朔氣的現象，他說這個「晦朔之交，日月會合」，太陽月亮陰陽配合在一起，這是比喻，是修氣，這個氣是什麼？我們地球夾在太陽月亮中間，這個就是產生大藥的根本。我們修道也是這樣，「造化之妙，動靜相生」，造化之妙，製造萬有，變化萬有，宇宙生命的根本，一動一靜，互動相生。「循環無端」，兩個轉過來轉過去，沒有停止過，沒有起點和終點。中文叫無端，佛經翻過來叫無始，端也就是始。

元會運世是什麼

「然不翕聚，則不能發散。不蟄藏，則不能生育。故以元會計之，有貞而後有元。以一歲計之，有冬而後有春。以一日計之，有亥而後有子。以一月計之，必有晦而後有朔。此終則有始之象也。」這一段麻煩得很，我想給諸位簡單介紹一下《易經》《皇極經世》所謂的「元會運世」。一元有十二會，一會是三十運，一運有十二世。我們中國文化算宇宙的開始，把以前的切斷，從唐堯登位當皇帝就職那一年起，定為甲辰年，六十年一變，一百二十年一變，一百八十年一變。一個甲子管六十，為一元，分為上元甲子、中元甲子、下元甲子，三元甲子合攏來又是一個單元。六十年六十天或者六十個時辰都在內。

「天開於子，地闢於丑」，宇宙何時開，不管它了，「人生於寅」，人的文化開始是十二個時辰裏的寅。辰年是堯登位那一年開始，現在是一九八三年，中元甲子過去了，明年開始下元甲子，又是一個甲子來啦。這個三元甲子演變，甚至於每一個國家乃至你我個人命運的演變，都可以計算出來，這叫做「元會運世」，這一套是《易經》的道理。你們青年同學說要學這個，我答應了好幾年要教你們，一方面沒有機會，二方面我也懶得教，三方面我也不希望你們學會。學會了鑽進去一輩子就爬不出來了，因為看通了世事人情，人生一點味道都沒有了，還不如不曉得明天的事，才比較簡單。

現在講這個法則，拿一個月來講，「必有晦而後有朔，此終則有始之象也。」「何以謂之晦朔，月本無光，受日魂以為光」，這是古代的說法，就是月亮反照太陽的光。「至三十之夕，光盡體伏，故謂之晦」，每月陰曆三十晚上絕對沒有月亮，這叫「晦」。人倒楣一臉晦氣！這個晦字就是黑氣，沒有光彩了，所以叫做晦氣。「此時日與月，並行于黃道」，就是天文的黃道面。「日月合符，正在晦朔中間」，我們必須要懂這個道理，因為人身是個小天地！不過你不要因此半夜子時起來打坐！那是太陽的天地，我們有自己的活子時。伍柳派也講過這個，比如你喜歡打牌，打了三天三夜，夜裏睡下去，中午醒來就是你的活子時。你中午醒來，配合打坐好不好？那最好！有陰陽交會，怎麼不好呢？所以你要活用。

修道千萬不要迷信，什麼算命看風水，我也學過，是為了修道才學的，不是為了想做算命先生，學會了我一輩子不用。你說風水壞嘛，我專在那個壞的方向坐，我就看看怎麼壞法。心正則萬法皆正，一切唯心，方位也可以變嘛，這個地球是圓的。不過宇宙的法則，那個大自然的力量還是很大的，你能抗拒得了嗎？除非你有一套，一套什麼？就是功德，要多做善事，只有善行慢慢可以抗拒，其他沒有力量可以抵得住的！這是順便講到這些。

衰老是頭腦

我們身體這個小宇宙，「吾身日精月光，一南一北」就是一上一下，上面頭腦清醒就是太陽，下面就是月亮。古人那麼表示，沒有錯，修道也要懂現代醫學，尤其現在生理醫學進步得特別快，要特別注意。看到一些新資料，有些法則他們也會懂了。說到還精補腦長生不老，真正的衰老還在頭腦，如果頭腦這部份衰老，人就衰老。道書的道理，頭腦就是太陽，萬物就靠太陽光明來，眼睛是太陽，耳朵是月亮。中國的道家要分析起來多得很，你說為什麼要那麼囉嗦呢？因為萬物各有一太極，各有一個宇宙。你說這個茶杯蓋是一個小宇宙，它還可以分成小圈圈，這個面上假設構成一百個圈，每一圈它又有它宇宙的生命。萬物各有一個生命體，你懂了，修道就曉得用了。

所以一南一北，一上一下，南北的交媾像太陽交媾，「賴真意以追攝之」，這就是方法了。真意不是氣！這要參考佛家的天台宗，根據佛的分類我們這個氣，在高山清淨地方，自己會聽到呼吸響，這叫做風，不叫氣。慢慢寧靜下來，這個風靜下來，很輕微了，那個叫氣，這要在很靜的地方。不過你們真會打坐，工夫好了，雖在吵鬧的地方，耳朵也會聽到自己，那麼你的靜的工夫就差不多了。風靜下來變成氣，氣再輕微一些時，呼吸往來都聽不見，道家叫胎息，是肚臍在動，同嬰兒一樣的在動，鼻子裏頭像沒有氣了，很久才動一下下。所以道家叫做胎息，胎兒在娘胎裏頭不是鼻子的呼吸，是裏頭在一開一合，這個時候才曉得有個丹田。

丹田的問題

有個醫生朋友問我：「這個丹田，我們對自己文化雖然崇拜，但實在信不過，這個解剖出來沒有啊！」我說當然沒有，他說那怎麼講？我說你們學的不叫生理學，是死理學，拿那個死人來解剖的。我們中國老祖宗是拿活人來解剖的，講起來很殘忍。在活人的身體上開刀，一拉開那個力量大得很，會夾住刀子的，因為那個肌肉的收縮力量太大了。活的生命當然有丹田，尤其在真息的時候，那個胎息的力量才大呢，在古書叫做闔闢之機。闔就是合攏來，闢就是翻開，這個就叫丹田。現在我把祕訣都給你們講了，我認為道是天地之公道，我知道的都告訴你；但是有時候不講，因為你不到這個程度，給你講了也不懂。這個裏頭有上丹田、中丹田、下丹田，你沒有工夫也沒有打開氣脈，所以不懂，你打開了就懂。其實那裏除了有根骨頭外，真有個丹田嗎？可是工夫到了那裏，才曉得呼吸不在鼻子，而是丹田這裏在呼吸，那真是與天地精神相往來，像是充電一樣的。但是你不要假想，如果假想就變成神經病了，要工夫做到才行。

所以他說我們身體上的還丹，坎離交媾靠什麼呢？要「賴真意以追攝之」，所以叫陰陽交媾，嬰兒姹女兩個結合，神與氣合，就是佛家講的心與息兩個合，密宗就是心風合一，天台宗講心息相依。道家講的神氣兩者結合，全靠真意攝之，就是剛才我給你們講的，都透露過了，可是你們不懂。真正的還丹是要修到氣住脈停，這個時候才可以說還丹。修禪宗的這個時候可以說妄念不起了，暫時無念了。

神氣坎離會於中黃

這個時候「方交會于中黃神室」，神氣坎離在這個時候才得到相會。

什麼是「中黃」？就是普通所謂中宮，中宮是胃。有些道家認為胃就是「中黃神室」，其實到這個時候並不一定是指胃了，而是中氣足了。有個學密宗的，出了一本很大的書罵道家，說道家把中黃認為是中脈錯了。錯了也用不著罵嘛！幾千年文化，我們的老祖宗總有他的道理。他不懂得《易經》，中黃是個代號，中脈、中宮都是代號，黃這個顏色代表中央。

你看隋唐或者西藏塑造的佛像，三圍一定清楚，坐起來不會彎腰，神氣交了，中氣足了。我看在座的不管男女老幼，肚子上都有一坨一坨的，中氣沒有了，坐起來彎彎的才舒服。胖出來挺著的也不是，身體已經兩節了。真正中黃通了就充滿，充滿不是鼓起來，反而變成細腰身，恢復童年了。如果打坐的姿勢不標準，入定是不可能的！這叫法則。有人畫的神仙，老僧入定都是彎腰駝背，又說神仙滿臉紅光，都不對。所以說神仙是面如冠玉，冠玉是以前帽子上面有塊方方的白玉，羊脂白玉，滋潤漂亮。這個時候到中黃了，說中黃這個境界叫做神室，心之下肚臍之上。

「**水火既濟，正在虛危中間**」，虛危是兩個星座，在天體北方。「**虛極**

靜篤，神明自生」，學佛學禪宗的人，想一念不生，如果工夫不到，做不到一念不生啊！禪宗祖師罵人，講那些狂妄口頭禪的人是「空腹高心」，怎麼能學禪？空腹高心是引用老子兩句話，反轉來罵人，老子說「虛其心，實其腹」，念頭空了是虛其心；實其腹，氣就會回轉來，氣住脈停了嘛。所以禪宗祖師罵人是隱語，空腹高心是氣也沒有住，思想就在腦子裏轉，妄念停不了；氣在上面，妄念沉不下來，所以就睡不著。失眠就是因為氣在上面，不是血壓高，不是血在上面，血壓可能還低呢！血壓跟氣兩個又是兩路走法。所以這個時候假設虛其心，實其腹，那就是老子所講的虛極靜篤，禪宗講的悟道。道家沒有講你悟不悟，道家用「**神明自生**」，就是佛悟的境界，你的智慧不曉得哪裏來，是自然而至。所以先見之明都會有，是我們自性本來有的靈光現前。

他說這個就是「**即一刻中真晦朔也**」，古代一個時辰等於現在兩個鐘頭，分三刻。換句話說四十分鐘當中，你真到了這個境界，就是快要還丹了，長生不老之藥的境界，你懂得了，你拿到了。所以大家想百日築基，築個什麼基啊？有人說一百天不漏精，那麼有人兩三年都不漏，你說他成道了嗎？把他解剖來看，他有什麼丹在裏頭？大概中間有些小瘤子，長些結石，那不是丹，不是那個東西，如果不曉得化掉，還很嚴重啊！這個是祕密裏頭的祕密，都在這個書裏，諸位未來的大神仙，自己好好去參想吧！不過你們成功了不要忘記我，要來度度我啊！

第六十一講

上次講到坎離還丹的問題，所謂還丹就是如何把本有的修回來。什麼叫「坎離交」？就是小周天，講月亮的出沒，所謂周天就是一個週期，一個旋轉。每個月初就是朔，月底是晦。

神歸炁穴坎離交

「故曰，晦朔之間，合符行中。造化之日月，以魂魄相包。吾身之日月，以精光相感。當神歸炁穴之時，不覩不聞，無天無地，璇璣一時停輪，復返混沌，再入鴻濛。即此混混沌沌之中，真陰真陽，自相配合。故曰，混沌鴻濛，牝牡相從。」「晦朔之間，合符行中」是《參同契》原文，頭尾各兩句都是原文。中間討論到「造化之日月」，這個造化就是天地，太陽和月亮代表兩個偉大的精神，太陽代表陽魂，月亮古代稱為月魄。一個魂一個魄，魄是借這個魂而發光的，天地的日月「以魂魄相包」，我們本身也是一樣，我們的這個生命，不是指身體，身體同生命觀念應該分開。「吾身之日月，以精光相感」，身體的日月就是精跟神光。精是指精力，是說身體各方面都很健康；光就是指神光充足，並不是頭頂上開著電燈，而是說人的神氣、頭腦、思想都很靈敏；精和神光相感，是說兩個合一了。

下面講得很明顯，說明什麼是坎離交，「當神歸炁穴之時」，神回到炁穴去了，有形的炁穴在丹田，標準的地方就是肚臍之下，陰毛之上，以自己的身體做標準，因為每人高矮胖瘦尺度不同。神如何歸炁穴呢？在道家的說法就多了，各宗各派因這句話產生了各種修煉的方法。有些修道的人，一坐起來就想把頭放到肚子裏去，你想想看這個做得到嗎？還有一種神歸炁穴，打坐的時候假想把頭拿下來，放到肚子裏去。當時他們都很祕密的，搞得神奇古怪，有什麼引證師、引禮師、點傳師，也是這一套，是中國流行的，包括青幫紅幫都是那麼搞的。有很多方法似乎都很神奇，一學會了發現非常可笑。這個修法哪裏來的呢？是佛的《禪祕要法》裏頭白骨觀來的。佛傳的有三十幾種方法，有一種觀想把頭骨放入髖骨，後來道家就把它拿來叫「神歸炁穴」。還有好多，我要是報告出來，你們年輕人聽了都不知哪個對。

我們知道身體下面部位是有形的炁穴，修武術的，譬如說少林武當等，都曉得那叫氣海。我們以前學武，學之前老師告訴我們，要是跟人對打，氣海那個穴道不能打，會打死人的。正統的神歸炁海不一定是有形，但是有形的氣海連帶起作用。什麼叫神歸炁海呢？就是無念！所謂「六根大定，收視反聽」，原則就是兩句話，實際方法也在內。不聽外面的聲音，眼睛也不向外看，直到前面光及影像沒有了，就凝定下來。凝定到極點，有一點氣住，呼吸停止的現象。要是說人修到入定時就是完全氣住了，那是絕對不可能的！只能說他的呼吸緩慢，間隔拉得很長很長。

一個入定的人，他的心電圖很平的，很久才輕微的動一下，但不是病態。這是神歸炁穴的境界，也就是佛家講所謂氣住脈停的禪定境界。實際上心臟還是有動的，還是有輕微的呼吸，鼻子的呼吸很少了，皮膚的呼吸還在動，這是神歸炁穴，這是坎離交。這個時候對境心不起，「不覩不聞，無天無地」，完全忘我了，身體的感受沒有了。如果身體還感覺氣到了背上到了前面，以為自己任督二脈打通了，那根本是感覺狀態，連神歸炁穴影子都沒有呢！

隔陰多半會迷

到這一步，感覺已經不必談了，早過去了，所以「無天無地」，這個身體什麼感覺也沒有，「璇璣一時停輪」。璇璣是天文的儀器，在這裏代表腦子思想絕對無念，身體上氣機的流行絕對靜止，這兩個靜止就叫做「璇璣停輪」。還有一句「日月合璧」，就是精神與氣血歸一了，所以「璇璣一時停輪，復返混沌」。混沌是什麼境界呢？莊子說混沌的典故，我們已說過，在道家，混沌所代表就是胎兒剛剛進入娘胎那一剎那，精神跟精蟲卵臟結合了，相似於昏昧、昏迷。道家講混沌只到這裏為止，佛家則更進一步。要瞭解其中道理，必須研究佛經，人進入娘胎，是所謂種子生現行，種子就是過去生的業力累積。精蟲卵臟兩緣結合不會成胎，要三緣和合，要自己的靈性加入精蟲卵臟，這三樣剛剛碰上了才會成胎。

任何人入胎就要昏迷，所謂隔陰之迷，隔一個中陰就不知道了。今生死後再去轉入一個生命，不一定變人，或者變畜生或者升天。隔陰就迷了，隔陰要不迷那非常難，大阿羅漢八地菩薩差不多可以了，七地以前的菩薩還有隔陰之迷。迷有幾種，我們普通人入胎就迷了，住胎也迷，出胎也迷；有人入胎不迷，住胎、出胎迷了；有人入胎住胎不迷，出胎迷了。出胎迷已經了不起，佛道兩家說，這是再來人也。再來人在中國古代的文學還有一個名稱叫謫仙，就是已經成道的仙或者羅漢，因為還沒有完全成功，修錯了法墮落下來了。譬如我們文學史上稱李太白是謫仙；佛家的初果羅漢、二果羅漢都是再來人；到了三果以上大阿羅漢就不再來了，即使不再來也是請長假，暫時不來，不是永恆。但是這些人出胎就迷了，不久則會清醒過來，慢慢自己就會修道。

我們過去有一兩個朋友，他們硬是記得前生的事。所以我們現在可以做統計，找些兒童來調查，三歲以前的事情能夠記住的很少，也有人會記憶到一歲的事那就不簡單了。也有人記得前生的事，但絕不會透露。過去我有許多這類朋友，有位朋友講到三生的事，宋朝他是什麼人，清朝又是什麼人，最倒楣就是前生。我問他前生是什麼，他說是狗，他氣自己是狗，就把自己撞死了。我這位朋友是絕不說假話的人，他過去很有地位，不會也不用講假話。清代有位四川名將岳鍾琪，在康、雍、乾之間，他的詩境界非常高，其中有名的兩句，「只因未了人間事，又做封侯夢一場」。他好像曉得自己是再來人一樣，這個氣魄也很大，我們年輕時很喜歡他的詩句。

神不迷　身混沌

講這些道理是說明入胎迷也好，不迷也好，迷與不迷是神的境界，不是氣的境界。神、氣兩個是分開的，氣的境界是講身體這一部份，身體部份有混沌的現象，不迷是神不迷。所以混沌是神氣兩者相包，等於餛飩一樣，裏面有肉外面包餛飩皮，神被氣包住了。前面提過雲門祖師說的，「我有一寶，祕在形山」，我們思想可以很高遠，想到太空去，可是去不了，被肉體包圍了，兩樣混合不能解脫。所以小乘的佛法是修解脫，把這兩個分離，像化學一樣分解，可以得到真正的自由。但是解脫不是最高的道，只能到羅漢境界。菩薩境界不修解脫，要待身心兩方面都成就，肉體的四大還要轉化，因為心物兩個是一體的兩面。

現在第一步修到還丹的境界，收視返聽，到達六根大定。六根大定以後，這裏告訴你「不覩不聞，無天無地，璇璣一時停輪」，「日月合璧」，再進入混沌。有同學問，如果一個人打坐的時候進入混沌了，是不是人也變混沌了？不會的！正統的修法，到那個時候雖然進入混沌，這個身體更端正，決不會傾斜或者彎曲。如果說非要彎起來，或傾斜才能進入混沌，已經不對了。真正進入混沌等於塑的佛像一樣，三圍很清楚，這樣進入混沌就是正統。這個外形同內在有關係的，假使有傾斜，就是他色身上肉體四大的工夫，沒有修好，氣脈沒有完全修通。可是也有一種現象，真到了混沌境界他變得很小，身體會縮了。這種人當然很少，不過我沒有這種經驗，只是把知識告訴你們。等於你們初學打坐的人，有時候覺得身體長高很大，有時候覺得縮得很小。開始時是一種感覺狀態，真證到混沌狀態不是感覺狀態，而是真實的狀態，可以放大可以縮小。釋迦牟尼佛在白骨觀的修法裏就有提到，不過他是祕密的說，不像我明顯的說這是進入混沌的真實現象。至少最正統的說法，基本上也不縮小也不放大，是端正！決不是彎腰駝背的。

「**復返混沌，再入鴻濛**」，在這個境界，「**即此混混沌沌之中，真陰真陽，自相配合**」，這才叫做陰陽交媾。代名辭叫「**坎離交**」，是本身的陰陽在交媾，本身的陰陽在雙修。從佛學來講，這個世界叫做欲界，欲界有兩性關係，就是公母、雌雄，由男女兩性的關係而生出生命。不但人是如此，任何一種生物包括植物，都是這樣。欲界的生命是借用兩性的合作，由混沌狀態構成一個生命。但是有一個理論，修道修到這個程度，他不借用別人的合作，靠本身具備陰陽兩性的功能，在自己的生命中間再生一個生命！像這樣不借用他人的肚子而生，已經不是欲界的生命了。

所以我常叫你們注意三界的生命，佛經告訴我們欲界的生命是兩性合作的，是需要欲念交配而發生的，這個生命是向下走的。到了上界的天人，就不是欲交了，是氣交，懷孕的是男人，生孩子是從頭頂上、肩膀上生。道家書上所講的出陽神化身，都是色界人的出生境界。不過色界天也分好幾層，更高一層的不是氣交，而是神交的境界，神交產生另一個生命。說了那麼多空話就是說明混沌境界，我們用自己的生命來修道，男女都一樣，「**真陰真陽，自相配合**」，以本身的陰陽交配，不借用外力。在自己原有生命裏產生另一個生命，必須要經過混沌境界，所以《參同契》的原文告訴我們「**混沌鴻濛，牝牡相從**」，牝牡就是男女、陰陽。牝是女，牡是男。

自身陰陽交

「元牝相交，中有真種。元炁絪縕，杳冥恍惚。正猶日魂施精，月魄受化，自然精炁潛通。故曰，滋液潤澤，施化流通。」這一節朱雲陽真人的註解，都把修道的境界與消息很坦然的告訴大家。古人並沒有像我們現在講得那麼清楚，古書是古文寫的，你自己古文不好，認為這個是死書死文字不清楚。老實講，用白話我也會寫，但用白話怎樣都說不清楚，怪就怪在這裏。最近我們本院同學研究文言白話，這兩個對比，反而覺得白話非常難表達。這個本文裏，他寫得非常清楚，什麼工夫，什麼境界，什麼口訣，都告訴你了。到了「混沌鴻濛」這個境界，就是「元牝相交」。元就是根源，生命根源，牝就是母性，陰性。原始生命真正在交媾，這個交媾並不是難聽的話，自己本身生命這個陰陽一定要交媾的。

普通人本身也在交媾，就是真正熟睡那一剎那。為什麼人極疲累時非睡不可？人真正熟睡的話，只用半個時辰，一個小時就夠了；可能有些人說這不行，我要八個小時才夠。其實大部時間都沒有睡，都在妄想，大腦沒有完全休息，都在做夢，做了夢又忘記了。真正熟睡時，正是亥時到子時那個現象，在完全混沌的境界睡著了。我們研究一個睡眠中的人，在他真睡著時，他的呼吸一下停掉了。如果沒有這個睡眠經驗，看看枕邊人的睡眠，然後自己研究就知道了。看嬰兒更清楚，他真睡著那一剎那，呼吸停掉了，不呼也不吸。在這一剎那之間，陰陽在交，所以哪一個人不陰陽交？不交就死掉了。

所以道家的道理完全準確，懂了以後就是老子一句話，「道法自然」。你不要另外去做工夫，只把握住看牢就行。生命在未死以前，它自然的法則一定是那麼走的，不是你領導它，而是它領導你的。結果一般修道人自以為很聰明，領導這個生命走，都搞反了，頭上安頭。每人每天自己內在都是陰陽相交的，自己的任督脈本來在流行。一天不交，一天不流行，就病了；交得不好，流行得不好，也會病了。你要懂得這個理，能夠把握得住，這個生命自己可以控制了，不必用工夫用導引，都不要！交就是這樣交，我們要懂這個原則。

真種是什麼

所以，「元牝相交」就是生命之內本來的陰陽相交媾，在這相交媾之間，「中有真種」。人自己搞不清楚真正睡著了沒有，世界上沒有一個人真正睡著，真睡著的時候，最陰的當中有真陽之氣，是一點靈明沒有昏昧的。普通人不認識自己，經過打坐修道以後，工夫久了就慢慢認清楚了。這個人即使是昏迷，或者睡得很熟，這一點靈光並沒有昏昧。因為你沒有經過好好修養，所以認不清這一點靈明不昧是本來存在的。這一點靈明不昧就是真種，成仙成佛的真種就是這一點，不是身上的這個氣，不是這個精蟲，不是轉過來轉過去的這裏有感覺那裏有感覺。這些都不相干，這些是假有。假如你認為氣動了，那不相干，可是有作用，不能說沒有作用。真的道就是靈明不昧，這一點是真種。

「元炁絪縕」，絪縕兩個字出在《易經》，是形容辭，就是混沌的意思。所謂絪縕、杳冥、恍惚、混沌，這四個名辭合起來就是一個。引用近代學者吳稚暉的哲學理論，什麼宇宙開始是上帝創的，他都不承認，他說原始的那個東西就叫做「一塌糊塗」，差不多就是這麼一點混沌。所以老子叫他杳冥、恍惚，《易經》叫它絪縕，莊子叫它混沌。到那個境界像什麼呢？「正猶日魂施精，月魄受化，自然精炁潛通」，像夏天的太陽，把我們曬得熱極了，地球攝住這個熱能，空氣都不流通，絪縕收到了極點再放出來，碰到上面一冷就下雨，就這樣一陰一陽交化。所以「日魂施精，月魄受化」，月亮本身不會發光，它反映太陽的光。這個時候「自然精炁潛通」，雖然看不出來，但互相在通。

人為什麼學佛修道要打坐？打坐就是四個字形容：「精炁潛通」，你用不著用心的。老實講，何必做什麼工夫！你久坐必有禪。什麼道理呢？因為你這個生命，少使它勞動，本身自然有一個法則在動在產生，你慢慢就感覺到了。不是你做工夫做出來的，你越做工夫它就越跑，你坐在那裏又要想辦法做工夫，又要通那裏通這裏，你說多麼勞苦！道法自然就是「精炁潛通」。

第六十二講

春困的現象

剛剛我們講到「自然精炁潛通」，這個潛是潛伏的，也就是暗通。所謂暗通並不是你去領導它，是它本身自然的在通。《參同契》講「滋液潤澤，施化流通」，魏伯陽真人的原文只是兩句話。這個時候到達氣住脈停，混沌的狀態，所謂天一生水這個境界，渾身的每個細胞，乃至口水，乃至精氣，乃至腦下垂體，自然都在變化。變了以後一身皮膚都變潤澤了，發光的。「滋液」就是講津液來了，現在的漂亮術語就是說，等於打了一針雙性荷爾蒙，非常滋潤。不只一個地方變化，每個細胞都在轉化，所謂「施化流通」，普遍的施開了。

「方其日月合符之際，天氣降入地中。神風靜默，山海藏雲」，這最後八個字文學境界很妙，可以寫一副對子。「一點神明，包在混沌竅內，無可覓處，此即一念不起，鬼神莫知境界。故曰，天地神明，不可度量。」所以，混沌境界是道家的基礎，真正的基礎。普通所講的百日築基，能夠到達這個境界才是第一步基礎成就，還要再進一步修的。做工夫到達「日月合符」就是剛才講「日月合璧」，太陽月亮合於軌道，這兩個寧靜了。到達這個境界「天氣降入地中」，用宇宙現象做比喻，這就是每年仲春陰曆的二月，古人有一個形容，就是《紅樓夢》中的話「春困」。春天人很困倦沒有精神，尤其是年輕男女，到了所謂懷春期，性知識剛剛開始，身體剛剛成長，春困得非常厲害。早晨叫他背書包上學，那真是莫大的處罰。我深深感覺，我們當年讀書比你們現在舒服，到了春困的時候，不上學佯稱病了。

春困這種現象就是「天氣降入地中」，道家這裏面又產生一些方法。我們不好講他是旁門左道，旁門左道並不是罵人，旁門也是門，左道也是道，不過迂迴一點而已。有些道家加一些變化，是有意的、想像的，先守在上竅，慢慢把上竅的氣用意識引導下來。為什麼要這樣修呢？他有所根據，就是「天氣降入地中」。這種工夫方法，也合於道家的原理，屬於導引的方法，縱然有效果，但價值很低。真的道是道法自然，聽其自然，工夫到了那個境界天氣就自然下降地中，頭部的感覺忘了。所以你們學佛或學道的，打坐做工夫最痛苦在哪裏？就是頭腦整個的感覺忘不掉，所以你感覺氣在這裏動啊，那裏動啊，那都不是腦神經的反應！真到了頭腦氣滿，就忘掉了頭腦，天氣自然下降，感覺身體沒有了。其實不是沒有身體的感覺，是你整個的腦部的思想、思惟意識停掉，那就是到「天氣降入地中」了。

混沌境中

那個時候他用八個字形容，「神風靜默，山海藏雲」，每一個字都不得了，這八個字用得妙極了，而且對仗非常好。氣就是神風，氣聚神凝；山海藏雲，等於秋天到，萬里晴空沒有一點雲霧，雲都藏起來了，就是天氣晴朗到極點。所以禪宗祖師形容的「千江有水千江月，萬里無雲萬里天」，就是這個境界。朱雲陽祖師這八個字，跟禪宗祖師這些名句的價值都差不多。「山海藏雲」就是萬里無雲萬里天，「神風靜默」就是千江有水千江月。處處靈明，處處反映。這個時候，我們生命本來的這一點元神靈明不昧，包在混沌竅內，在混沌真境中，無影無踪。這個時候你有知覺嗎？沒有知覺；沒有知覺嗎？千江有水千江月，萬里無雲萬里天，無所不知，也一無所知！禪宗經常講到無念，唯有此時才能到達真正無念。

所以學禪也好道也好，都是一個境界，表達方式不同而已。天下真理只有一個，不論中國人、外國人、古人、現代人，生命都是這個樣子，沒有兩樣，名稱不同罷了。到這個時候才叫一念不生全體現。一念不起，鬼神都不知你藏在哪裏。為什麼鬼神都不知？因為你藏在鬼神那裏所以不知。莊子講過三句話「藏舟於壑，藏山於澤，藏天下於天下」，「藏舟於壑」就是我們打坐修定，把念頭收到中間，屬於小乘中最小乘的境界；「藏山於澤」是中乘的境界，比較好一點，不管身體，只管念頭；大乘的境界是「藏天下於天下」，所以找不到了，他藏在本位，鼻子就放在鼻子，眼睛就放在眼睛，所以找不到。因此我們眼睛可以看別人，沒有辦法看自己，藏天下於天下就是在本位上。

莊子的書你覺得難讀，其實一點也不難讀，他都明顯告訴你了，是用比喻告訴你的。這三句話你懂了，作人處事的道理都在其中。有時候要藏舟於壑，要保留一點，有時候藏山於澤，最要緊是藏天下於天下，但是你講了人也不懂。這沒有什麼祕密，把祕密公開了他也不懂，為什麼呢？因為人都好奇，喜歡向外找。所謂一念不起很容易，每個人都做得到，所以佛家的修法與道家不同，是反過來走，他高明也在這裏。其實是一個路線，先做到一念不起，自然就混沌了。嚴格講佛家跟道家的東西是一個，只是進入的方法不同，搞不清楚的話還以為有差別。其實什麼三教五教都沒有差別，道理是一貫，不是一貫道那個一貫，一貫起來，就是孔子說的一個真理，沒有其他。一念不起，那是鬼神不可知的境界，這個境界原文是這樣講的：「故曰，天地神明，不可度量」。

「天入地中，陽包陰內，歸根復命，深藏若虛。不啻龍蛇之蟄九淵，珠玉之隱川澤」，這個時候，陽進入陰裏，陰代表寧靜，不動；陽代表流轉活潑的走動，這是「歸根復命」的境界，命功的基礎有了。修道做工夫到混沌的境界，可以說命歸你所有了，這是說命功的工夫到了。不過隨時要能入混沌，不是瞎貓撞到死老鼠，偶然一下不算。我訪問過此地的一位老前輩，已經九十歲了。三十年前我到山上去見他，我說，聽說你過去曾經入過幾次定，我斷定你那個時候沒有超過三十五歲，他說是啦。我說，你三十五歲以後，再想隨時進入那個定境做不到了。他說對了！我問他為什麼？他說，弘法事忙。我只好笑一笑，不談了。這就是工夫來撞他的。你們注意啊，你們年輕偶然撞到這個境界也有，一念不起，那是瞎貓撞到死老鼠，那不算本事。你要隨時做到要進入那個境界就可以進入，這樣命功就有把握，基礎才算建立。不要在這裏聽過，出去就吹，變成大師，害人害己的事不要幹。人生有三件事不要做：自欺、欺人、被人欺。真修道的人，這三件事都不做的。

如果做到「陽包陰內，歸根復命」，可以說命在你手，真能夠到達了，自然祛病延年；以儒家來講，才真有資格說變化氣質。這是第一步開始，等於你得了胎藏，這個時候「深藏若虛」。這句話有兩個意思，第一工夫到達這個境界，身上六根不動。禪宗祖師形容，如雞抱卵，昏了醉了一樣，踢一腳都不動，忘我了。這個時候修道工夫到了「深藏若虛」，這是一面。另一個意思，修道工夫真到這個境界，要謙虛不要傲慢，不要認為了不起，作人做事「深藏若虛」就好了。這個時候「不曾龍蛇之蟄九淵」，等於動物冬眠一樣。像蛇到了冬天，嘴裏含一口泥巴鑽到洞裏，幾個月都不會死，一口氣就保持住了生命。「珠玉之隱川澤」，好的玉含藏在內不動。

養氣以歸根

「譚景升曰，得灝炁之門，所以歸其根。知元神之囊，所以韜其光。此

之謂也。」譚景升是道家神仙人物，名叫譚峭。他有一部著作《化書》，你們青年人值得研究。譚子這本書，也是中國古代科學的書，包括物理、化學、生物，內容很多。他的父親是唐代一個「國子司業」；唐朝的國立大學校長就叫國子祭酒，司業相當於副校長。那時國立大學只有一所，不像現在。他父親只有這個獨子，可他天生喜歡修道，離家出走了。古代的青年也發生這些事，所以青年都是問題，有人請我演講青年問題，我說青年從來就是問題，凡是青年人一定發生問題。你看這位神仙也是這樣，過了若干年回家了，父親很高興，他住了一陣子還是要走。他已經修道成功了，是有名的神仙，他最有名的一首詩：

線作長江扇作天　靸鞋抛向海東邊
蓬萊此去無多路　祇在譚生拄杖前

道家講蓬萊等於學佛的人講極樂世界一樣，是個代號。「蓬萊此去無多路」，代表神仙成道很容易，「祇在譚生拄杖前」，道就在這裏。「譚景升曰，得灝炁之門」就是形容他的話。灝炁之門是孟子的話，「我善養吾浩然之氣，充塞於天地之間」，就是這個道理。「得灝炁之門，所以歸其根」，是要進入混沌靈明的境界。

「知元神之囊」，曉得元神的根底，「所以韜其光」，這神光就內斂，神光往內走不向外。我們現在六根、頭腦聰明向外發展，把生命消耗了，要把生命重新修回來，就韜光養晦，神光內斂是養生之能，「此之謂也」。他這裏引用譚峭的話就是這個道理。《易經》上有兩句話，《參同契》這裏引用了：「故曰，利用安身，隱形而藏」。現在人都講利用，真正的利用，就是這個大利用。「隱形而藏」，外表看不出來，是在混沌中。（編按：接下來的十八章在本書第六十五講。第十九章及二十三章末講解，因上篇已講得很詳細了）

我們上面是為了說明「坎離交」，道家第一步工夫，參考了朱雲陽祖師的註解。下面中篇下卷專講伏食，從性情交會章第廿四開始，共計八章，專講伏食，就是我們怎樣把這個長生不老丹藥吃下去，還丹回轉來。「**此卷專言伏食，而御政養性，已寓其中，義同上篇。**」證道的規則，怎樣修養心性，道理在這中間，道理同上篇一樣。剛才講坎離交，神氣相交。這裏名稱不同，告訴我們就是性情交會。上次我們講過《禮記》裏提到，人的知覺和感覺，分成性和情兩方面，把能夠知覺思想的、理智的這個叫性，喜怒哀樂的情緒叫情。有時候我們發脾氣，不是罵人，是好像一下不高興，尤其是內向型的人，莫名其妙就煩起來。特別是小姐們最容易發脾氣，一面對男朋友發脾氣，一面心裏又想哭，偏要這麼來一下沒辦法控制，這個叫情。這種情緒變化，男女都有。佛家講這個情就是業力，所以佛經講到「純想即飛，純情即墮」，情多想少，墮落就厲害；情少想多的人，就比較昇華。這個性情在我們生命關係最重大，但也是與坎離交媾，以及神氣兩者的關係最重要。

這一章我們先講到這裏。

性與情交會

性情交會章第二十四

太陽流珠，常欲去人。卒得金華，轉而相因。化為白液，凝而至堅。

「**此章，言木性金情，自相交會，以成伏食之功也。**」這一章整個是專講伏食的。有時候道家的代號東拉西拉很難把握，必須要做一個統計才搞得清楚。本來是說情屬於木，木屬於肝，所以情也屬於肝，肝氣不健康的人肝火旺脾氣大。中醫學原理金屬肺，肺氣流暢的人腦比較清爽，性情比較開朗，就是呼吸好身體健康，肺氣不流暢的人多憂鬱內向。現在這裏突然一變，「**木性金情，自相交會**」，木本來屬於情屬於肝，金屬於氣屬於性；現在卻講「**木性金情**」，似乎代號用反了，令人迷惑。其實他不是用反了，而是說屬「木」的肝氣不旺，使性質變了。肺氣不健康，元氣不夠充沛，陽氣不夠的人，作用也會改變，變成情緒不好。這樣就說明兩個代號為什麼變了，而成為「**木性金情**」。生命中只有這兩個東西，就是神和氣；而且兩種要自相交會，他兩個結了婚，就是坎離交媾，陰陽調和，人也就好了。這就是改變自己內部的生命，叫做伏食之功。

「太陽流珠」，太陽的光明永遠放射，流珠是形容它。但是我們眼睛看太陽受不了，只能看到一點點太陽放射的閃動，所以形容為「常欲去人」，它留不住。人這個性情，常使自己打坐修道不能入定，因為心思亂跑。「太陽流珠，常欲去人」，心思亂跑總是離開你，要想念頭不亂跑，凝定住一念不生，很不容易，所以道家以鉛汞比喻。佛家修法也一樣，通常不跟你講明，在方法上不講原理。所以學佛的人修天台宗，為什麼先要數息、止息？為什麼在氣上搞呢？調氣是假的，留住念頭才是真的！這個兒子不乖亂跑，就給他找個好太太，結了婚就會有責任感了，留在家裏不再亂跑。道家也是這樣，「太陽流珠，常欲去人，卒得金華，轉而相因」，這是互相幫忙把他留住了。人的生命內在都向外面亂跑，消耗掉了，要「化為白液，凝而至堅」，化為玉液，玉漿，叫玉液還丹。能夠修到真正得到玉液還丹，已經有神仙之份，能祛病延年，人比較健康，慢一點老化。這一節我們先講到這裏，下次再連起來講，因為這一節最好不要中間切斷。

第六十三講

我們研究道家的學術，大家必須對《易經》、陰陽五行、舊的天文常識，大概瞭解一點，否則聽起來很茫然很麻煩。前天一位同學從美國回來送我一張天文圖，藍的，好大，打開看看，都是天上的星星。現在人家經過研究，小孩子都已經訓練天文知識了。這張圖放在房間，電燈一關，這紙上星星發亮就顯出來了，看了真替自己的文化臉紅。我們幾千年前，本來這個科學是一馬當先的，到了現在，看這些點點都不認識，更不用說，能把西方的天文星座配合上中國舊的星座名稱了。當然這一部份的工作很困難，一般人都不會，所以講到中國文化，這是一件痛苦的事，也牽連到今天這個課，我就不曉得如何決定。

氣血影響性情

現在回到上次所講的中篇，性情交會章，轉過來就是坎離相交，陰陽相交。

「**此卷**」，指中篇下卷，這一卷「**專言伏食**」，伏食就是道家所謂長生不老之藥，怎麼吃進去。道家伏食是很重要的，如伏一顆丹藥，沉下來叫伏食。講到伏食和御政養性，在道家的分類，伏食是命功，就是保有我們後天的生命，袪病延年使他長存；養性是性功，就是一般學佛所注重的如何明心見性。所以「**御政養性，已寓其中**」，在這一篇裏，御政同養性的工夫就在伏食裏。如果真能夠做到佛學所謂六根不漏內伏了，自然明心見性，所以養性與御政的道理，自然都包括在內。

由天地日月，坎離相交，變成「人」，這是第二重的投影。在人的生命裏，不叫坎離，換一個名稱叫性情。性代表知性，一切有覺知的，佛學的名辭「見聞覺知」，能見能聽，能知覺能感覺，這個是性。情就是我們後天的喜怒哀樂，種種的欲望，種種的需要等等。性情交會就是坎離相交。「**此章，言木性金情**」，上次已介紹過，在道家的文化，也就是同醫學文化有關的，肝臟屬木，肺屬金。金木怎麼相交？我們曉得肝是管人體生產血液的，肺是管呼吸系統吸進氧氣的。以中醫道理來講，是氣血兩樣如何調伏，自相交會。氣是氣，血是血，兩個是不同的系統。如果身體後天的氣血調和了，肝氣寧靜了，妄念不生，而且肺氣也靜止了，呼吸到達心息相依，甚至到氣住脈停，此時「**木性金情，自相交會，已成伏食之功也。**」這樣就有真正生命的把握，這個丹藥就得到了伏食，吞進去了。工夫做到這一步，轉化自己的生命，返老還童祛病延年就有把握了。這一篇就是講這個道理。

「**太陽流珠，常欲去人。卒得金華，轉而相因。化為白液，凝而至堅。**」這幾句話上次已經講了一些，現在再加說明。太陽代表我們的神光，就是思想、精神、見聞覺知之性，一般也講靈魂、靈性，道家用太陽來形容。流珠就是太陽發的光芒，像寶珠一樣向外放射。因為它是向外放射的，始終活潑潑的不肯停留，永遠不停放射，凝定不住。我們的神光思想，也像太陽的流光一樣，不停的放射、消耗。所以佛家稱為有漏之因，就漏失了。怎樣才能夠把神留住，不放射不亂想呢？只有情緒不亂動，才能凝定，才可以結丹。「卒得金華」，金華是道家創造的名稱，等於一塊黃金放光所發出的光彩。剛才講金代表肺也代表了氣，要想神不散亂，必須把氣血凝定。所以佛家天台宗、密宗或者其他的法門，注重先由修氣開始，也是有其道理的。

神凝氣住就結丹

這個神容易跑，要想留住這個神不散亂很難，要「卒得金華」，把這個氣凝住，就是所謂息。修到了息，「轉而相因」，就是神氣兩個合一了。正統道家的上乘丹法，老前輩們傳道時，寫一個「些」字，意思是「此二」。哪兩樣呢？道家所謂結丹成道，只有神氣二者。什麼是道家的工夫？什麼是結丹？什麼又是真到伏食的境界呢？神凝氣住就結丹，很簡單。其他的什麼口訣、花樣、六耳不同傳、點竅等等，都是下乘丹法，其實只要神凝氣住就做到了。只要神凝氣住這個基礎建立起來，儘管後天的生命老了，一口氣沒有斷，仍是有希望的。神凝氣住久了，生命重生，一陽來復，那個時候「化為白液」，重新起了作用，「凝而至堅」。所謂化為白液就是要先變成華池神水，我們講過呂純陽祖師〈百字銘〉，那個境界就是說這個道理。這是原文大概的解釋，下面朱雲陽真人的分類解釋更清楚。

「**此節，言兩物之性情合，而成金丹也。**」這節就是講神氣二者如何凝結而成丹，先告訴我們理論。「**先天之體，為性命乾坤是也**」，先講大的來源，中國儒道二家也講先天後天是分開的。在西洋哲學，先天就是形而上，後天就是形而下。實際上，形而上形而下這兩句話也是中國文化，孔子在《易經繫傳》說，「形而上者謂之道，形而下者謂之器」。宇宙萬物沒有開始以前那個東西，中國文化沒有叫它主宰，也沒有叫它上帝，也沒有叫他為神，給它一個名號叫做「道」。什麼是形而下的後天？就是宇宙萬有物質世界，也叫做器世界。「**先天之體**」，這個形而上這個道體，宇宙萬有那個大的性命就是「乾坤」，就是天地，先天另外一個名稱叫性命。

「後天之用，為性情坎離是也」，到了後天的作用，就變成性情，這情字包括很多，七情六欲都在內。性情用《易經》的代號就是坎離兩卦，人的性命由投胎到出生，有了這個身體後，大概男性十六歲，女性十四歲，這個乾坤像雞蛋一樣打破了。

坎離交　回乾坤

「自乾坤破為坎離，性情之用著」，乾坤的階段接近形而上道體，一個完整的生命，出生後變成嬰兒，後天的知識開始以後，乾坤破了，完整的雞蛋分裂了，《易經》則以坎離代表。「性情之用著」，性情的作用就是很顯著了。「而性命之體隱」，此時自己生命上的「性」和「命」反而搞不清。「順之則為凡矣」，情欲的衝動就向下流，不能回轉來昇華，只有向下順流而去，就是凡夫。凡夫在道家及佛家都是通用的，凡夫就是一個凡人。

「惟坎離復交為乾坤」，我們修道的工夫就是做工，但是做工要有工具，要把生命返回到本位的功能，挽回後天生命，慢點老，慢點死，用什麼工具呢？其他道家傳的守竅等等，那還是在肉體上搞，沒有用。要真知道如何把後天的性情，歸到所謂坎離交，才是正途。坎離交了以後身體內部發生樂感，就恢復到青春期，拿醫學來講就是青春腺的作用。可是青春腺一發動就變成欲望向下流走了！所以要把這些回轉來，把後天的性情合，坎離交，變回乾坤，變成先天的天地作用。究竟用什麼工具呢？就是用自己性情這個作用。性是知覺之性，見聞覺知，靈知之性；情就是七情六欲，是身體內部一股力量。

譬如我們現在坐在這裏聽課，腦子思想這股力量，這個知覺很清楚就是性的作用。情呢？心理上身體內部的變化，舒服不舒服的感受，都是情的作用。這是不同的兩種作用，普通人分不開。有時我們情緒不好要發脾氣，或是鬱悶看到什麼都悲傷難過。但是自己那個性，理性，告訴我們，何苦呢！不需要發脾氣，但是卻忍耐不住。忍不住就是情的作用，理性沒有辦法控制這個情的順流而去。理「性」雖不要這樣，但「情」不會聽「性」的，不會聽你理性指揮的。這股力量大得很，所以他們難以結合，若能結合的話就不得了啦！所以修行人不管學佛或學道，理智曉得要空，誰能夠空得了！普通講修養都曉得要修養到心平氣和，但到時卻非要發作不可。想要氣定，那是書本上理論而已，情一來了自己什麼也做不到。所以道家把「情」畫隻老虎表示，像吃人似的；把「性」畫條龍，表示性無常，變化莫測，有神龍見首不見尾這個作用。道家經常講要「降龍伏虎」，尤其後世的道家，更注重人類性欲的需要，衝動，形容是猛虎下山！這老虎如果降不住的話，什麼都完了。

不要認為性和情這兩樣東西是壞的，若善加利用，修行還得靠這兩個東西才能回轉來。「因性情之用，以還性命之體，逆之則成聖矣」，利用性情，才能回到先天性命的本體，逆轉回去昇華，逆之則成聖人，得道的仙人或佛都叫聖人。「至于後天坎離中，又分體用」，他為什麼那麼囉嗦呢？這是生命的科學，一定把理論搞清楚，把定律都要記得，才可以到實驗室去實驗。不懂理論光去做是不成的，所以他把原理一層一層給我們講清楚。

配合日月行度修行

後天坎離又分出來第三重，有體有用。什麼叫體用？譬如一杯茶，水和茶葉是它的體，等於性與情，把這兩種綜合攏來就變成茶了。所以坎離內有體有用，體就比較接近形而上了。「以真陰真陽為體，體屬水火」，體的作用在生命就屬於水火的作用，水就是身上的血液、口水、精液，包括男性的精蟲女性的卵子荷爾蒙等都是水。火就是生命的煖流，生命的熱力。所以真陰真陽到了後天就屬於水火。

「以兩弦之氣為用，用屬金木，不可不辨」，道家理論牽涉很廣，陰陽、五行、天文、地理、《易經》，很多固有文化把它兜攏來。上弦是每月陰曆的初八、初九，月亮剛剛像弓弦一樣平；下弦就是下半個月，二十二、二十三這個階段。

怎麼叫兩弦之氣呢？這個氣最重要，我們普通講氣候，一年有二十四個節氣，七十二個候，這個太陽的行度，是太陽的作用。這兩弦之氣同我們修道有關係，「以兩弦之氣為用」，是說太陽月亮地球之間有這麼一個作用。道家拿這個現象，說明我們身體內部氣血形成的法則，同天地的法則一模一樣。兩弦之氣，上半月代表陽氣上升，下半月這個月亮慢慢由圓變缺，代表陽氣的下降。這個作用就同我們氣血的成長有關係，研究這個就要參考朱文光博士翻譯的《生命的神光》。像人的犯罪行為，與情緒作用、月亮的出沒、潮汐的漲退都有關係。大部份的人早上起來頭昏昏的，上午都沒有什麼精神，中飯吃過，或午睡或不睡，到了下午三四點以後精神來了，到了晚上夜貓一樣不肯睡覺，陰陽顛倒。這個就是金木兩氣的作用，氣血的作用。因此有些修道的人，就與太陽月亮行度的時間，配合起來修，認為借用這個宇宙物理的影響進步更快。這個說法有些道理，當然不是完全的道理。所以學佛的人也要知道，佛教講每個月哪幾天要吃素，什麼初一、初八、十五等等，為什麼這些日子都是以陰曆計算？其中有一個陰陽的法則在內。一般只曉得這是菩薩定的，這個菩薩是大科學家，知道某種事在某個節氣時，接上這個氣就變了，就是這個作用。

第六十四講

生命中陰遮住陽

剛才講到人體這個生命，「以兩弦之氣為用」，這個用的現象由哪裏出來？「用屬金木，不可不辨」，肺氣（金）同肝藏（木），一定要搞清楚。「乾屬太陽真性，本來寂然不動，只因交入坤中一陰，性轉為情，遂成離中木汞。」這個乾就是先天，生命的本來，代號「乾卦」，像天體裏這個太陽一樣，它永遠光亮，是太陽的真性。我們的自性本來清淨，也就是乾的本性本來寂然不動。這個本性受了交感，什麼交感呢？「坤中一陰」，這個陽受了坤中一陰的干擾，也就是陽電能受了陰電的干擾。兩個一交感起了變化，「性」一轉就為「情」，就是後天的情緒，七情六欲。這樣一來現在第三重，這個生命「遂成離中木汞」，轉為離中木汞，就是心臟部份同肝臟部份。

有了後天生命以後，「自此陰精用事，離光順流向外，恍惚不定，有流珠之象。」說了三四層的道理，一層一層把它剝開來說。現在講到現有的生命都在「陰精用事」，沒有陽，因為真陽被陰蓋住了。佛經也這樣講，把人體的生命稱作「五陰」。《心經》上說「照見五蘊皆空」（蘊就是陰），所以要還回純陽之體，回到本性，明心見性成佛。但是沒有修道，就不可能照見五蘊皆空。「陰精用事，離光順流向外」，這個離就代表太陽，代表心光，也就是剛才講神光外流。所以我們這個思想神光永遠流散，佛家就叫做有漏之因，都漏失掉放射掉了。因此我們精神、思想、情緒「恍惚不定」，始終不能寧靜下來。

《參同契》的原文第一句「太陽流珠」也就是這個意思，用了那麼多一層一層的道理，把這一句話給我們說明清楚。我們這個元神，如太陽放射的光明一樣，永遠有「流珠之象」，永遠向外放射。修道主要把元神的神光收攝回來，凝定住。但是這個神光凝定不住，你收攝不回來。等於男孩，到了少年時期，發瘋似的到處亂跑，除非給他討個太太，有個家把他拴住。人體這個生命的道理也是一樣，這是第二層的道理。

「乾既成離，其中一陽，走入坤宮，坤屬太陰元命」，這個本性的生命「乾卦」，變成後天的思想神光，「離卦」代表太陽，永遠在放射。這個陽能走入坤宮，坤就是陰。拿身體來講，肚臍以下，大腸小腸這些地方都是坤。「坤屬太陰元命」，是生命本能，從下面爆發的。得到上面太陽的光明相照，地球吸收太陽的熱能到地心，慢慢又上升培養一個新的生命出來。

一陽回轉須小心

所以「既得乾中一陽」，回轉來陽氣上升了。這是理論，真修道的人，當你剛剛達到陽氣充滿，上升升不上，下流很容易，所以想回轉非常難。如果「命」能回轉來，「轉作性」，「遂成坎中金鉛」。坎屬水，像水銀，一碰到鉛，不流走而凝定下來了。「此點金炁精華，只在坎水中潛藏，杳冥不測，有金華之象。」所以平常這真陽潛在下面坎水中，自己也不覺得。普通人睡醒了，精神夠了它就發動，發動以後就流走了，衝動起來變成白虎下山就完了。此時如能回轉，不配上後天之情而使之昇華，就對了。一般道家所謂這個回轉向上，在身體內部起的作用，也與天體上日月的行度流轉一樣。所以全身的十二個經脈，奇經八脈，處處都有感覺在走動，初步就是這個道理。

但是用後天意識故意去引動，或者吸一口氣去做氣功，把他提過來從後面轉到前面東轉西轉，那是假的，不是真的。有些人說這樣打坐也有些益處，我們叫他靜態運動，其實是用意識在那裏轉動。真正道家所講「一陽來復」是真陽的回轉，不是用意識引導，只是跟著看它自己怎樣變化。所以不是去加，是不增不減。等到下面這一點發動，這點真氣的精華，平常只在北方，下部就是北方，「杳冥不測」，看不見摸不著，無形的，「有金華之象」，來的時候會發光動地。

「離中靈物，刻刻流轉，本易走而難捉，捉之愈急，去之愈速。」再回轉來將我們這個元神變成思想，腦的意識，「離中靈物」，這一點思想靈光，見聞覺知之性，一分一秒都停不了。這個思想都向外放射，「刻刻流轉」，本來很容易漏失掉。「易走而難捉」，所以一般人打坐、修道、學佛想定下來，想把思想念頭控制定下來，越控制越糟。「捉之愈急，去之愈速」，你越想抓住，它跑得越快，沒有一個思想念頭可以抓住。所以你打坐、念佛、修道，想心念靜下來卻做不到。儘管在這裏守竅，守了半天還不是在那裏亂想了半天！沒有真正專一寧靜。所以「離中靈物，刻刻流轉」，它的本性像太陽流珠放射不停，你越抓得緊它跑得越快。想念頭清淨，怎樣才能清淨？氣住了，下面真氣發動上來，坎離相交，就像男女兩個結合一樣，才能清淨。

「賴得坎中一點真鉛」，全賴坎水，北方的精氣發動，「逆轉以制之」，不是順流向下，變成欲念跑掉，而是真正逆轉。一旦昇華以後念頭自然清淨，後天的妄念自然沒有了。但是我要告訴諸位，有些學佛修道的年輕人，很容易碰到這個境界，但是他覺得那時腦子沒有什麼思想，也沒有什麼動心，反而害怕了；因為害怕，腦子又開始靈光起來，思想又來了。可惜這是道理不懂，所以到那時候他也沒辦法。其實那時正是進入混沌階段，好像腦子都沒得用，因為你雖然很清楚，可就是不習慣。平時我們的思想亂跑亂用習慣了，等到生命這個現象回轉來很凝定了，他不曉得這是生命新的結合，是定境，反而認為這是毛病。所以道家有兩句話「修道者如牛毛，成道者如麟角」那麼少。大家每天學佛修道多熱誠，包括我自己在內，我說到現在還沒有看到過一個成功的，是難！

汞是念　鉛是氣

「真汞一見真鉛，纔不飛走」，那個愛流動的心念，道家的比喻叫「真汞」。所以剛才我們講正統道家，只有四個字：神凝氣住。現在講坎離交，就是告訴我們如何神凝氣住的法則。這個真汞，自性後天的第三重作用——心念，碰到真鉛——真正的元氣時，一切內外呼吸都寧靜，那個就是佛家的真息。所以數息是那個息，不是呼吸往來之氣，道家的真鉛講的也就是這個。一見真鉛，念頭不動了。換句話說，當氣不動時，人的思想念頭也不動，兩個結合，就給拉住了。等於兩個年輕男女互相看對了，腳就走不動一樣，神就被氣牽住了。

「故曰，太陽流珠，常欲去人。卒得金華，轉而相因」，這四句話講了半天，加上我們又說了大半天，把理論講清楚，就曉得做工夫了。不過我曉得大家聽了大半天，太陽流珠還是跑掉了。如果懂得差不多就可以抓住了。

「鉛入汞中，汞賴鉛之拘鈐，鉛亦得汞之變化，兩物會入黃房，合成一炁。」剛才我們講到真氣寧靜，念頭不跑是第一步，學佛的到這個時候差不多可以入定了。但是學佛的人往往不管下面進一步的工夫，所以正統道家講到工夫，必須要性命雙修。講到修性修命，能達到這一步工夫已經很難，據我經驗所知，不管學佛或學道的人，達到這一步的，少之又少，幾乎沒有見過。有人偶爾有，也是瞎貓撞到死老鼠偶然一次，不能隨時進入這個境界，因為他法則不明，所以工夫到不了。假定到了這一步有了基礎，你想這樣定住，像飯熟了把火關了，燜在那裏一樣。燜久了會不會起物理化學變化呢？一定會的。

剛才解釋「轉而相因」，他說鉛入汞中，這個鉛就是後天的元氣，此時的元氣不呼也不吸，氣住神凝，一點雜念也沒有就清淨了。兩個結合定久了，鉛入汞中，元氣慢慢被元神包圍住，就有反過來的變化。因為汞是容易流動的水銀，代表思想，「賴鉛之拘鈐」，鉛把它拉住不亂跑了，生命的第二層更大變化來了。「鉛亦得汞之變化」，神光把他照住，這個元氣又起物理化學的第三層作用。一般人修道都想返老還童，這一步工夫到來就差不多了。元氣第二層的變化，是在自己內部昇華，這個「神」和「氣」「會入黃房」，道家譬喻男女二人結婚進入洞房，陰陽結合了。這個結合是氣自然入了中宮，打坐到這時身體想彎都不可能，自然挺直了。入中宮就如《易經》坤卦所說的，「黃中通理，正位居體」。

告訴大家一個道理是我在書上看來的，「人要不老」，就要「腹內不飽」，胃也空的，不要太飽；「若要不死，腸中無屎」，大腸內沒有宿便，因胃是空的。但胃一直在消化，如沒有食物進去，它仍繼續在磨，磨穿了就胃出血。所以這個時候要完全服氣，黃中通理，就是胃氣充滿，就不動了。神氣二者歸入黃房，到這個階段可以有資格不食人間烟火了，那不容易的。這個時候真正的神氣二者結合，「會入黃房，合成一炁」。

玉液還丹如何吞

進一步的變化如何呢？「其炁先液而後凝」，慢慢又起變化，這個「炁」等於太陽的熱能照地球，地球熱氣上升，碰到冷空氣下雨了。人體內部也一樣，所以定久了，氣一熱立刻上升衝上腦，碰到腦下垂體變成液體，就是長生不老之藥，叫玉液還丹。這還不是金液還丹，當然金液還丹要更深一層。有時候你們打坐口水一直湧出來，然後不斷嚥進去，這個時候嚥法不同，要讓它自然滿了，舌頭稍稍向上提一下，它自然會順流而下，這樣念頭就不容易散亂，心一亂就坐不好了。所以不要管它，讓它自然下來。到了玉液還丹時，皮膚都變細嫩光亮起來；如果你打坐，坐到一片光明也沒有什麼稀奇，都是內部變化的原故。我們在定境中，自己的元神照住，曉得有一片光明，不要以為是菩薩神光，因為這些都是自己身心上的變化。

所以先液然後凝結，要經過很久的時間，不是一下就行的，也不是嚥兩下口水就是長生不死。究竟要多久時間呢？不是一兩句話就能說清楚的，道理要先懂，每人根器不同，成就的遲早就不同。有些人很容易到達，有些人修了一輩子影子也沒有。總而言之，學佛修道你要成功得快，那是與行為道德配在一起的；必須要功德，要善行，作好人做好事，慢慢功德與努力兩個配合，就成就得快。同樣上學的學生，班上每個同學的成就不一樣，就是這個道理。

「故曰，化為白液，凝而至堅」，在人的內部凝結攏叫做「丹」，但不是很堅硬的一塊。所謂至堅者，並不是像長個東西那麼堅硬。你說有形嗎？他無形；無形嗎？它有這個作用，這個之間要搞清楚。這個時候「白者金色，至堅者金性也」，會發黃金的顏色，那怎麼講呢？「白者金色」，隨時開眼閉眼內外都在金光閃閃中，內外都是白光金光自然的一片光明。學佛的這樣，道家也一樣。「至堅者」是形容堅固得很，佛家叫做「金剛」，就是顛撲不破，不會散，不會走掉。「蓋金來歸性，已結而成丹矣。此通章之綱領也。」拿學佛的來講，這是真正得定了，得到二禪三禪的境界。氣住脈停以後，修神仙到此只是基礎穩固了，所謂丹頭一點這個丹藥抓到了，「伏食」了。等於我們餓了把飯吃下去，消化吸收以後變成自己的營養，後面還有工夫要繼續做的。

第六十五講

認識陽氣上升

《參同契》所講的煉丹，是講本身的內丹。我們再三提到，最簡單的講是神與氣如何交合、如何凝結的程序方法，這是個原則。這個修持的過程有許多的名辭，代表做工夫的景象、程序。現在我們正講到這個普通所謂的小周天，他把小周天的原則告訴我們，小周天要把握一個原則，就是月亮的出沒。陰曆的每月三十天當中，月亮有盈有虧，這個現象說明我們普通人氣血精力的生長與消耗。懂了這個法則，把握了這個自然的法則，在自己的意識中控制它，凝結它，就是這麼一件事。現在再說明小周天正式的情形，不過有一個麻煩，必須要先把《易經》的象數熟悉一點才比較好辦。本來幾句話就可以把它帶過，因為大家不熟，只好照它的原文解釋再加解釋。

坎離交媾章第十八——二段起

現在接下去回到〈坎離交媾章第十八〉原文第二段起：

始于東北，箕斗之鄉。旋而右轉，嘔輪吐萌。潛潭見象，發散精光。昴畢之上，震出為徵。陽炁造端，初九潛龍。陽以三立，陰以八通。三日震動，八日兌行。九二見龍，和平有明。三五德就，乾體乃成。九三夕惕，虧折神符。盛衰漸革，終還其初。巽繼其統，固濟操持。九四或躍，進退道危。艮主進止，不得踰時。二十三日，典守弦期。九五飛龍，天位加喜。

六五坤承，結括終始。韞養眾子，世為類母。上九亢龍，戰德于野。

用九翩翩，為道規矩。陽數已訖，訖則復起。推情合性，轉而相與。循環璇璣，升降上下。周流六爻，難以察覩。故無常位，為易宗祖。

「始於東北，箕斗之鄉」，「箕斗」是天上星座名稱。「旋而右轉，嘔輪吐萌」，這是說天體中地球月亮轉動的形態。「潛潭見象，發散精光」，月亮到了陰曆的月底沉下去，像一條龍沉到海底去了，然後再慢慢上升發出光明。「昴畢之上」，「昴畢」也是星座的名稱，在西南方，「震出為徵」，每月的初三，眉毛月出現是震卦的現象。震就是一陽來復，陽氣剛剛從下面上升。這是「陽炁造端」，是陽氣剛剛開始。「初九潛龍」，初九是《易經》乾卦第一爻。單數最高數是九，雙數最高是六。假使九二，就是陽爻第二爻，如果是初六，一定是陰爻第一爻。

這一節也就是我們修道最基本的一個做工夫的現象。這個現象代表我們一個人的生命，在陽氣精神剛一發動的時候，如何去穩住它，去把握它，再去增加它培養它，這是修道第一個要點。第二個道理，講明白一點大家容易體會，希望諸位不要有男女觀念的存在。女性的情況比較容易瞭解，女性每月的月經過後，陽氣上升，此時要把握住寧靜，凝神聚氣。假使今天月經第一天，七天是一陽來復的週期，這個時候應該身體恢復轉回來了，每月都有機會給你把握的。假使回轉來的時候能夠凝神聚氣，那就不同了。凝神聚氣就是佛家講得定，身體立刻可以變化。講起道理很簡單，但是如何認識此時體內真陽之氣發動，如何去保守凝神聚氣，那太難了！隨時隨地都有可能失敗的。假定能防止這些失敗，真做到了凝神聚氣，在道家來講，的的確確可以做到百日築基。尤其是女性，如果基礎打好了，年紀大的可以返老還童，整個的身體改變很明顯，各種病都消失了。

其實男女都一樣，每天都有這個機會。這個機會就是小周天的活子時，能夠把握就可打好基礎。理論上很方便，修起來幾乎沒有人能成功。因為破壞它的還不是身體上的氣脈，也不是外面什麼鬼啊、魔啊，都是自己的心念，自己心念的習氣。分析心念，必須要瞭解把握佛家的東西，在我個人經驗看起來，如果不瞭解佛家的道理，怎麼去修呢？但是瞭解佛家心性之學的人，如果搞不清生理方面的自然法則，以及工夫程序，也沒有用。這一節就是特別注意這一方面。

卦變引導煉丹

現在看朱雲陽祖師的說明，「此節，言艮之一陽，反而為震也。」《參同契》常用《易經》的卦象說明。艮卦跟震卦，是一個卦翻過來成兩個現象。艮（☶）代表山，下面兩爻是陰，上面一爻是陽。翻過來倒轉來一看，成了震卦（☳），一陽在下面，兩個陰在上面。「艮」與「震」是相反的。看任何一個卦都要這樣看，一本書也要這樣看，立場不同觀點就兩樣。我常說孔子講得最高明，他之所以成聖人不能不推崇他，是他講任何學問都很嚴肅，唯有研究《易經》他說「玩索而有得焉」。研究《易經》要玩，你要是讀死書一樣呆板去讀，是不可能把《易經》搞通的。

所以這樣看是艮卦，反過來看就變成震卦。這個方法就是《易經》所講的「綜卦」，俗話形容一件事的麻煩叫做錯綜複雜，就是綜卦的道理。「錯卦」是把卦的陰爻換成陽爻，陽爻換成陰爻。錯綜複雜也說明天地間沒有一個絕對的東西，都是相對的，立場不同觀點就不同，現象也就完全兩樣。提到震卦跟艮卦是「綜卦」的關係，就如同我和諸位一樣正面反背，你們看我是這個樣子，我看你是那個樣子，我們立足點不同，觀點一定兩樣，所以也叫做「反背卦」。錯卦是相對卦，也有人把這個綜卦叫相對卦，錯卦叫反背卦。我們回轉來，現在重點不是講《易經》，因為大家不熟練，只好多浪費一點時間了。

這個裏頭有個道理我們要瞭解，所謂陰陽這兩氣是什麼？沒有什麼，但是我們生命能的變化都是它。這麼一變是陽，那麼一變就是陰，是變化。

所以能夠把握變化，這個生命就可以把握了。《易經》裏孔子說陰陽之不可測，沒有辦法去推測或澈底瞭解。我把孔子這一句話做了註解，就是「能陰能陽者，非陰陽之所能」。陰陽是兩個現象，能夠使現象發生的那個最後面那個東西，叫它是道也可以，叫它上帝也可以，佛也可以，這都是代號。這個能，能陰能陽的能，非陰陽之所能，是陰陽做不到的，因為陰陽是它的變化。等於我們這個手，手是個空洞的名稱，實際上是手背手心構攏來。手沒有東西，可是這兩樣東西一反一復有個總體的作用叫做手。所以能陰能陽的不是陰陽之所能。艮、震兩卦就取其一陽發動的作用，等於下半月，月亮的光明沒有了，這個是艮卦的現象；每月陰曆的初三，月亮從天上又出來了，這個亮光就是震卦的現象，其實都是月亮！

上弦下弦的啟示

因此他說「人知月至晦日，乃失其明，不知實始于下弦。下弦為艮，後天艮位居東北。于十二辰，當丑寅之間。于二十八宿，當箕斗之度。」道家用那麼多符號，叫你去瞭解天體運行的法則，就是說卦是掛在天體上的八個大現象，太陽、月亮、天、地，雷、風、海洋、山岳。這個現象就是這八個大卦，明顯的掛在那裏，大家都看得見。實際上只有六個現象，因為我們人是站在這個地上，任何方向上面都有一個天，所以天地這兩個現象不管，中間的變化就是六個現象，我們生命的法則也是一樣。

一般人知道月亮到了晦日，就是每月陰曆月尾，「乃失其明」，沒有光明，其實他不知道是下弦開始的。每月的十六加五天到二十一、二十二之間，一半光明漸漸沒有了，這個叫「下弦」。上弦是月上面一半黑下面白。下弦相反，下弦這個現象，代表的卦象是艮卦。我們自己不要落伍啊！現在你到歐美，人家《易經》比我們研究得好，他們能夠跟你談《易經》，可能你們都答不出來。六十四卦他們都記得，不過是編號的，第一卦第二卦第三卦，他們用漫畫的圖案表達。譬如說艮卦，一道亮光從下面黑處出現，整個大地好像是黑暗中間上面有點亮光，一看就曉得是艮卦。

這個方法我覺得非常好，因為本來《易經》八卦就是我們上古老祖宗的漫畫，代表文字的開始。現在西方的同學們就用這個圖案畫來表示，一看就懂了，有時候畫得真是很精緻。他們理解得非常夠，懂得很深，畫得比這些卦還好得多。

現在再講到每個月的月底，月亮的光明完全消失了，其實這個光明，在每月的十六到二十一之間已經一點一點的在沉沒。等於我們的精神早晨起來很好，上午精神非常健旺，實際上你的精神已經在開始慢慢消失。小孩子生下來長到十一二歲，我們老頭子一看，這個小孩子可愛，實際上他跟剛生下來的時候相比，已經老得多了！他的生命已經慢慢在消失了。生命的作用也像月亮的光明一樣，不是到了三十晚上才知道沒有光的，是下弦就開始的。下弦這個現象在《易經》是「艮卦」，以我們中國的地面來講，艮卦在正東北這個方位，這是以空間地面來講。

拿時間來講，古人一天是十二個時辰，我們現在講二十四個鐘頭，兩個小時是一個時辰。十二個時辰也代表了一年十二個月。「當丑寅之間」，中國人老祖宗用「子丑寅卯辰巳午未申酉戌亥」表達十二個時辰、十二個月及十二年，這個大家都知道。到了漢代以後，印度文化進來了，拿動物來做代表。所謂子是老鼠，丑是牛，人都變成動物了。所以你是哪一年生的啊？記不得，你屬什麼？我屬豬，就曉得是亥年生的。

古人吃飽了沒有事，什麼都會想，這個想像的也是另一套理論科學。在地球上以接近磁場為標準，子是正北方，丑是靠東北的。寅在東北角上，天快要亮了。卯時太陽出來跳到海面上，都曉得「日出卯」。我們小時候手錶太名貴還用不起，自然的手錶就看貓的眼睛，到了中午，貓的眼睛就變成一條線了，到了下午又不同了。修道的人，自己鼻子呼吸，寧靜下來就知道時辰了，因為鼻子呼吸時，兩鼻孔的力量是不同的。

月亮每月下去是在「**丑寅之間**」，在東北方面沉沒了。中國上古的天文，二十八宿是二十八個星座。一年十二個月天體那麼轉動，每天太陽下去時，出現的星座不同，這個是經驗總結，一看太陽下去在哪個星座，就曉得方位，就曉得時令了。所謂二十八宿是這個意思。月亮每月下沉，「**于**

二十八宿，當箕斗之度」，箕斗就是北方，在北斗七星之間。這個我們必須向諸位年輕的同學大致解釋一下，詳細的這個裏頭東西很多。

天道順行　地氣逆行

「蓋天道左旋主順行」，天道左旋就是太陽東邊上來西邊下去，所以天道左旋是順行，「順起于子中」，都是以北方由子位開始，立一個標竿順轉。

「地炁右轉主逆行」，地炁不一定講地球，地有地炁，太陽放射出去，月亮、地球都在吸收放射。「地炁右轉主逆行」，倒轉來以北方為中心，「逆起于丑寅之間」。我們中國人喜歡南面而稱王，面對南方就是跟地球磁場相配合。所以中國帝王的宮殿一定坐北向南，這個我也給大家講過。諸位坐在這裏，你以自己坐向為標準，背向右手轉過來，就是「逆起于丑寅之間」。這就告訴我們一反一順天體的道理，這個先要把握住。

「欲知天道主順」，左轉的叫順行，「當以一歲次序觀之」，這一年的程序，太陽一天走一度，所以一年三百六十五度多一點。「一歲之序，自北而東」，一年以四季來講，由冬季的北方，慢慢轉到東方春天。「以訖于南」，再轉到南方夏天。到了五月下半夏至一陰生，天氣最熱的時候，這個陽氣開始收藏，陰氣又來了。「自南而西」，再轉到西邊秋天，「以訖于北」，最後又轉到北方變成冬天。

「從子到丑，從丑到寅，出乎震而成乎艮，後天順行之五行也。」這一段是說天體的運行。簡單的說，陰陽五行、天文、星象、曆數，各是一套學問，這幾套兜攏來都是《易經》系統這個法則。五行是金木水火土，這五個代號有兩個現象，正反相生相對，相生的中間就有相剋，有這樣成長就有這樣的滅亡。這幾套學問發展成中國理論科學，與漁獵、畜牧、農業、水利、航海，統統都有關係。隨便買一本中國天文史看看，你就曉得老祖宗的偉大，同時也瞭解他們對於物理科學的瞭解多深。所以到明朝鄭和下南洋時，什麼航海氣象都沒有，只拿一個羅盤就在海面上走。西方人看到還很稀奇，中國人怎麼會知道自己到了哪裏了？離開自己的國家多遠了？這都是從我們自己這一套學問來的，這一套東西包含的太多了。

真正的道家，拿學理來講，做工夫很簡單，好像你打坐就會了。但是人這個身體很複雜，精氣神更複雜，所以必須要瞭解學理，這樣丹道的修行就好辦啦！當然做起工夫來，這一套學問都要丟掉的，不需要。那麼我們為什麼又要懂呢？你在用功的過程中，身體心理的變化到了某一境界，某一現象出來的時候，你如果懂學理，就沒有問題，就曉得原因知道對治；否則就像武俠小說上說的走火入魔。其實也沒有火也沒有魔，是你的觀念不清楚就搞錯啦！

第六十六講

納甲的法則

「欲知地炁主逆」，這個地球，也就是我們身體，本身是逆行的，是倒轉來走的。「當以一月納甲徵之」，納甲又是一個名稱了，甲代表天干，在我們舊的天文物理，地球物理，又產生一套學問叫做納甲。所以又要介紹一下了，為了讓年輕人對自己的文化有一點基礎知識。天干有十位，甲乙丙丁戊己庚辛壬癸；地支有十二位，子丑寅卯辰巳午未申酉戌亥。天干代表太陽系統天體的干擾，也就是太陽放射能同地球的關係。地支代表月亮跟地球關係的放射，這是一收一放之間。像明年（一九八四）甲子年，是下元甲子的開始，一九二四年是中元甲子開始，一八六四是上元甲子開始。中國人過去說的預言，像推算民族國家命運的，都是根據這一套法則來算的。像甲子、乙丑、丙寅、丁卯……是十天干跟十二地支相配，一個週期叫六十花甲。干支陽配陽，陰配陰，所以有甲子沒有甲丑，只有乙丑；有丙寅，沒有丙卯。一個人過了六十歲，已經過了六十花甲了，這是納甲的一種方法。

這些作用又歸成一個五行「金木水火土」，譬如亥與子是屬於水等等。聽起來很麻煩，記熟了非常方便，老祖宗文化到了最高處，歸納起來成最簡單的東西。納甲的意思大概講了。

「納甲之運」，運就是運轉。這個轉動「子當右轉，卻行以至于未申」，倒轉來走，卻行到了未申，到西方了。「自北轉西，自西轉南，是為上弦之炁」，再由西轉南，這是講月亮出沒的現象。「其象為得朋」，得朋是《易經》上的話，意思是得到同類。

從元明以後，伍柳派的修道特別注重這個，不是沒有道理。人體的生命是從下面發動的，向上走精神就旺盛。人體下面是子，頭頂是午。所以人睡醒了，精神就一節一節上升，到午就是陽極。陽極則陰生，又下降了，就是一升一降。人體有形的就是背脊骨所謂督脈，我們人體有十二經脈，中醫也用這個陰陽分類法則，叫做「六陰六陽」。譬如你肝有病，那是一個現象，肝屬於木，講五行的生剋，水生木，因腎水虧了元氣不夠，造成精氣不足，肝呈病象，所以治療的方法是增強腎水的功能。

逆流而上的修行

過去的老輩子中醫，肝有病不一定治肝，肝病是個現象，病源出在哪裏，要在那個源頭下藥。這個辦法是從十二經脈去認識，一年有十二個月，身體十二經脈同這個天體是一樣的。十二經脈以外，我們這個身體上另外有奇經八脈，不屬於十二經脈範圍以內。伍柳派認為，陽氣發生用意識去導引，由督脈把它運轉到頂，然後再從前面任脈轉下來一圈，這個叫轉河車。修道的是效法太陽的行度逆行，倒轉來走，逆者成仙，順就變凡夫。這怎麼說呢？我們普通人下面陽氣一發動，性的觀念就來了，男女性的要求，順流下走而去，就把陽氣浪費掉了。修道要把它逆流而上，也是有道理的，不是完全沒有道理。

陽氣由下上升，從督脈向上走一點沒有錯，能夠走到頂還精補腦，長生不老都沒有錯，但不是用意識導引，不需要的！生命本來是這樣，順其自然。所以老子說「道法自然」，加上意識去做，反而是妨礙它。

懂了這個現象，我們這個身體生命也是一樣，氣到了頂時，「午乃東旋」，一年之中陽到極點時就夏至一陰生了。「逆行以至于寅丑，自南轉東，自東轉北，是為下弦之炁，其象為喪朋」，下半月的現象，因為我們身體陽氣向下降，人就想睡覺了，腦子陽氣也不夠了，血液慢慢沉下來就是「下弦之炁」。這個現象，當血液沉下來的時候，睡眠最重要。西醫也講，休息最重要。所以肯學佛修道當然會健康長壽，打坐雖然沒有睡著，也是在休息嘛！所以這時天地之象要休息，因為人的精神下降了。

「兩弦交會」，收視返聽，陽跟陰在交。修道的原則很簡單，方法就是眼睛不看前面耳朵不向外聽，不管是休息不休息，人能夠永遠在這種狀態之下，像動物的冬眠，雖然還沒有睡著，那樣坐著就是修了。我說這是世界上最享受的啊！所以年輕人來學佛修道，玩這個幹什麼！偷懶！好好做事吧。你真要修，我說可以啊，把世界上一切丟掉，專修！又做不到！既然做不到何必腳踏兩隻船？所以永遠走不通的，不可能！

小周天與月亮

現在講到午時下沉的現象，兩弦交會，陰陽二氣交會。「正當晦朔中間」，就是陰曆的月底月初。「剝在艮而復在震」，剝卦上面三爻是艮卦，下面三爻是坤卦，坤代表地，艮代表山，合起來叫「山地剝」。什麼叫剝呢？剝香蕉皮一樣剝完了。剝卦五爻都是陰，只有上面碩果僅存這一爻陽，陽能已經給陰氣剝削得要完了，只剩了一點。像我們這些老頭子，白髮蒼蒼快要剝光了。剝光以後就變了，另來一個生命叫坤卦，屬土了。剛生下來的嬰兒是剝卦反轉的復卦，復卦是好的。復卦上面三爻是坤卦，坤為地，下面三爻是震卦，震為雷，合起來叫「地雷復」。

「剝在艮而復在震」，譬如拿自然的現象說「中午復」，現在中國人有習慣睡午覺，古人沒有，因古人怕挨孔子的罵。在《論語》中，宰予晝寢被孔子罵了一頓，後來讀書人就不敢睡午覺。所以曾國藩工作那麼忙也不敢午睡，他的辦法是晚飯以後睡一下，夜裏就有精神辦事，可以工作到天亮。現在我們推翻孔老二有個好處，可以睡午覺，不過外國同學在這裏很少睡午覺。「剝在艮」，中午以後陽退了精神自然下降，有些人不一樣，所以也不是呆定的。「先天逆用之五行也」，精神又會成長又會下降，與自然相反。

講了半天這些原理，現在他教我們怎麼樣修道。「金丹之道，全用先天納甲，與天上太陰同體」，修道運用這個納甲之理，歸納起來簡單明瞭。我們身體內部的變化，「與天上太陰同體」，小周天是要配合月亮的現象，一個月三十天，這個法則要把握住。怎麼說呢？「太陰真水生于午」，不是生於「子」，陰極了的太陰真水，叫「華池神水」，是道家的名稱，就是西王母那裏有個池，喝了那個水就不死。這是假託的神話，是說華池神水這一點是生命的根本。有些武俠小說就寫成「太乙真精」。這些水下來不得了，厲害得很，生命根本都被它變化了。

水如何生於火

我年輕時看道書，不曉得多著迷！但是很氣這些神仙，可惡啊！為什麼不講真話？又是「**太陰真水生于午**」，午是南方是火位，怎麼會生水呢？「**自十六一陰之巽，至廿三二陰之艮，陰來剝陽，僅存碩果**」，他說這個現象，自陰曆十六以後是巽卦。巽二爻是陽，下面一陰初生，這個巽卦的現象，等於說十六、十七的月亮。所以李後主的詞，「無言獨上西樓，月如鉤，寂寞梧桐，深院鎖清秋」是寫上半月的月亮，月如鉤。巽卦的現象一陰初生，所以到「**廿三二陰**」，二陰就是艮卦的現象，是「**陰來剝陽，僅存碩果**」。你看，我們讀道書要想學神仙，又學《易經》、學五行，都為了學道。這一句終於把它摸懂了，懂了半天，他還是沒有講實話。又說，「金丹之道，全用先天納甲」，好啦，才露出一點又把它捻熄了。「與天上太陰同體，太陰真水生于午」，這句已經使人懷疑了，下面希望他講一點老實話我們聽聽不行嗎？他又扯開了，同我說話一樣，東一下西一下。

「自十六一陰之巽，至廿三二陰之艮，陰來剝陽，僅存碩果」，這是講什麼呢？你們年輕人不懂，乾脆給你們講了吧！雖然講了叫做洩漏天機，也不管啦。這「太陰真水生于午」就是講，下面陽氣衝上來陽到了極點，陽極就陰生，所以精神不夠了就要睡，陰生就是「太陰真水」，是腦下垂體的荷爾蒙，那是「真水生于午」的道理。所以打坐有口水，雖然不是太陰的真水，是假水，假水也了不起！但是真的玉液還丹是你陽氣衝到腦，就是佛家講頭頂發清涼、得輕安，降下的甘露水，佛家也叫做醍醐灌頂。陽氣發動，陽極陰生變成太陰，地氣悶極了上升碰到冷空氣，結合變雨下來。

「又自東轉北，正值丑寅之交，箕水斗木，二宿度上，旋入乙癸，艮之一陽盡喪而為坤」，「箕」是北方星座的名字；「水」是五行北方屬水；

「斗」是春天北斗七星早晨轉過來了；「木」是在東方。「二宿度上」是指斗木二宿在經緯度的行度上面，「旋入」轉到「乙癸」。羅盤上面轉的都是這些字，是代號，你懂了就會看羅盤。乙癸艮等等，在羅盤上看風水，把它變個名稱叫做「二十四山」，山也是代號，等於一年二十四個節氣。所以「旋入乙癸，艮之一陽盡喪而為坤」，上面下降了以後，陽氣又第二重的上升。在陽氣沒有上升以前，都是陰，為坤，那個境界什麼念頭都沒有，昏昏沉沉的一樣，莊子叫做渾沌，經過這個境界就好了。

陰陽天天輪轉

有時候你們用功靜坐反而沒有精神，修道難啊！我勸你不要修，年輕人搞這一套我都反對。有同學問我，老師啊，你不是十幾歲就修起來了嗎？你怎麼反對我們呢？就是因為我十幾歲開始，我深知其中之艱苦，所以我勸你們不要修。你們玩這一套學不成佛，人也做不好，結果呢！神里神經的有什麼好處？規規矩矩走一個孔孟之道，人道修好，天道也完成了，作好人做好事，多好！何必搞這個呢？你要修這個，告訴你，到時昏頭轉腦的，你一點辦法都沒有。像我一度有一個長時間，我覺得快要死了，一點精神都沒有。一張紙都拿不住！好在我不在乎，萬事不管，天大的事我都一笑大睡一番。我的氣魄大，準備躺下去就死了，這一生修不成功，再看看死了以後什麼樣子，來生再試。雖然好像氣魄很大，我也曉得一句話，老子說「反者道之動，弱者道之用」，陽極陰生有這個現象，而且必須要經過。沒有經過就沒有得，這是天地間自然又必然的法則。

其實我們普通人，每一秒每一個時候都有這個現象，每天都有，但你不懂。弱者道之用，要知道應用。佛家講老僧垂垂入定，古人這個形容辭就用得好，垂垂，這個人就這樣掛下來，一點力氣都沒有。葡萄長熟了，一大串葡萄太重了，樹枝都垂下來了，那是垂垂入定之相。這是陰極，是剝極了再剝，像剝卦的現象，陰到極點就會陽生。可是人都怕剝極的境界，所以老朋友們修道經常講：「我實在是不行了！」不行就準備死嘛！我給你寫輓聯，這不是很簡單嘛！所以生死看得開才能夠修道，你生死都看不開，你還能拿生命來實驗這個東西嗎？

老實講，我勸你們年輕人不要修，我今天是講學理，我研究了幾十年，理論上我絕對承認有這件事情，不一定說是我做到了，也不一定諸位做得到。這個原理是對的，用這個原理來修持能不能成功，等於岳飛講用兵一樣，運用之妙存乎一心。

「在吾身為神入炁中，萬化歸根，即所云午乃東旋，東北喪朋之象也。」神沒有了，太陽下山了，太陽被地球遮住了，被陰的一面蓋住了。我們人，那個時候神入氣中，氣不一定在肚臍下面，而是整個的沉落下去。「神入炁中，萬化歸根」，這一句話是引用老子的：「夫物芸芸，各復歸其根，歸根曰靜，靜曰復命」。復命就是恢復你那個生命的本來。我們再加一句，註解這個現象，老子說「綿綿若存」，好像自己什麼都沒有了，可是沒有睡著也沒有死亡，好像又知道，就是若存若亡。那麼這個時候的境界呢？孟子有修道經驗，他說「心勿忘，勿助長也」，千萬不要幫忙，不要去導引，也不要完全密封住，而是勿助勿忘。小說《紅樓夢》中，賈寶玉那塊石頭上刻有這八個字：「莫失莫忘，仙壽恒昌」，也是講這個綿綿若存，勿助勿忘的道理。

第六十七講

陽如何發生

《參同契》現在講的重點，還是在普通修道說的「活子時」，這是一個俗語。這個子時代表了我們身體上一陽來復，以及陽氣是怎麼發生的。現在都是講理論，但是理論懂得了，所謂工夫方法就在裏面。道理就是一個原則，「陰極陽生」。怎麼樣是陰極呢？再明白一點講，就是靜極。但「靜極則動」，做工夫真靜到極點時，也有很多說法形容，譬如說「六根大定」，在原理上的名稱就叫做「陰極」，陰極了，陽自然會發生。最大的陰極是我們的生死，生命有生有死，死了就是陰極。陰極並不是這個生命完了，而是重新再轉來，那個是陽生，這就是佛家所謂輪迴的道理。小規律的陰極陽生，就是睡眠休息，靜極了再醒轉來。把這些現象瞭解了，陰極陽生的用功道理也自然懂了。

「此時陰極陽生，太陽真火，即生于子」，這個時候陰極陽生，太陽真火光明的現象，動的現象，生於「子」。「天開於子，地闢於丑，人生於寅」，現在說靜極了陽動，太陽真火就發生了。

「蓋陽無剝盡之理，日月撣持，正在北方虛危之地。交會既畢，漸漸自北轉西，月魄到此微露陽光，謂之旋而右轉。」他講這個「剝盡之理」，理論上好像同修道做工夫沒有關係，實際上懂得這個理論，你才能放心去做工夫，當碰到一個境界時，自己才明白道理。山地剝卦，沒有剝盡的道理，宇宙間的力量是相對的，快到完了時，相反的力量就來了。實際上也就是力學的道理，向心力集中了，離心力就發生了，這個生命的道理同物理是一樣的。

譬如說我們打坐，這是修道的第一步。不管守竅也好，聽呼吸也好，隨便用什麼方法，很少有人真達到陰極，沒有達到「歸根曰靜，靜曰復命」，沒有歸根過。假定有人修道到達這個境界，那是真正的有一點像莊子的話「渾沌」。這個時候所謂六根大定，六根完全關閉了，花一樣合攏來，人自己也忘了。禪宗形容就像老母雞抱蛋一樣，道家形容如醉如癡。這個靜到極點是陰極，這個時候真陽才來，就是那個靜的活子時才來。你注意這個話，平常我們也有活子時，疲勞到極點，或者生病衰弱到極點，有一天病好了精神突然來了，那個也是活子時。但是你把握不住，因為自己不認得。

這個陽剝盡到了陰極，等於每月的月尾會「日月撢持」，月亮看不見了，被地球在日月之間隔住了。道家不管這個，只講這個時候「日月撢持」，月亮跟太陽合璧，中間與地球合在一條線，所以看不到光明，完全黑暗了。到了月尾的時候「正在北方虛危之地」，月尾的早晨看到月亮在北方落下，是偏於東北。什麼叫「虛危之地」呢？「虛」同「危」是天體上兩個北方的星座，代表了北方。在我們的身體，虛危代表的就是海底，是會陰這個地方。頭頂算是南方，這個要搞清楚的。所以他說到了陰極的時候，「日月撢持，正在北方虛危之地」，什麼都沒有。北方虛危代表了黑暗，糊里糊塗，完全黑暗也就是代表靜極。靜到極點也代表陰極，在方位上是指北方。「虛危之地」等於大家打坐時，有人覺得冷，因身體內部有病，寒氣重，多坐一下就發熱了，這就是陰極陽生。

「交會既畢」，等到月尾太陽月亮，陽跟陰在北方交會交和，「漸漸」慢慢的「自北轉西」。假定把這個地球當成平面，到了每月月尾二十八起五天，轉過西南，到西邊來了。「月魄到此，微露陽光」，陰曆每月初三晚上，在西方看到月亮出來了，是眉毛月。天體這個現象「謂之旋而右轉」，旋過來右轉，順轉轉過來西方這一邊出來，每月如此。所以《參同契》魏伯陽真人的原文就是一句話，叫做「嘔輪吐萌」，現在解釋了半天，就是解釋這一句話。說每月初三的月亮，等於一個東西把它吞到肚子裏，慢慢又把它吐出來，嘔出來了。月亮像一個輪子，「吐萌」，剛剛吐出來，一點點在萌芽。

曆法與正朔

說到天體，有兩個東西修道要懂，一個是太陽，一個是太陰。講到這裏，我們也常常說明，中華民國在推翻滿清之後改用陽曆，這個事情在歷史上叫做換了正朔。古代這個名稱很嚴重，前朝的老臣不投降，不投降叫什麼？「不奉正朔」，因為每個朝代都要變更年號、國號。不願意投降就是不用你的國號，不用你的年號。譬如古人陶淵明，他作詩作文素來沒有記年號，只記干支甲子乙丑之類。為什麼陶淵明這樣？他表示不奉正朔，因為陶淵明是晉朝人，他不肯為五斗米折腰。那時是南北朝宋齊梁開始的宋代，叫劉宋，皇帝叫劉裕，種田的出身。說到劉裕，當了皇帝以後，皇宮裏有一間祕室，裏頭擺了一張木頭釘的破床，還有種田的斗笠、簑衣、鋤頭，他不忘本。他雖當皇帝，有時心裏煩起來，就打開那個房間進去，算不定在裏頭閉關，兩三天再出來。近代有一位畫家溥儒先生，他是滿洲人，跟宣統是皇族的兄弟，所以他作的詩畫沒有寫中華民國年號，也是寫甲子，丙寅等干支紀年。

我們現在改用陽曆，從文化立場來講我始終不以為然，這個是奉了洋人的正朔。四海一家可以，但是正朔是一個國家民族的系統，你們年輕人要懂得這個道理。我們幾千年來是陰陽合曆的，二十四個節氣用的是陽曆，是用太陽行度計算的。但是我們算月份呢，這就是中國這個天文同曆法的科學了，海水漲落農忙季節是用陰曆。

這種物理的現象同天體的關係，與身體的內部的變化一樣。老年人生病有時候就過不了節氣，過了這個節就過一個關。有時硬過不了節，管你氧氣什麼氣來救都沒有辦法，我們身體上就有這個作用。再譬如，學過解剖學就知道，我們腦神經有十二對，像雷達一樣，全部齊向外面，同宇宙間這個電感通的。所以你打坐修道，懂了這些非常有幫助，這就是一個科學，人體本身內部也是個科學。

你會昏沉嗎

他說這個時候，「**一點真火，隱然沉在北海中，謂之潛潭見象，發散精光。**」他說當我們打坐修道，真正定下去靜到了極點時，什麼都不知道了。有些學佛的人認為這就是昏沉！學佛修定最怕昏沉，道家跟佛家的差別就在這個地方。道家說不怕你昏沉，你還做不到昏沉呢！打坐做工夫，坐到了昏沉再說啊。你能不能坐在那裏睡覺？你睡不著，因為還有兩條腿，腿發麻了趕快下座，你才昏沉不了呢！有學佛的說，那個不是真的空，那是頑空，頑就是冥頑不靈，就是糊里糊塗。我就告訴那些學佛的朋友，管他真空也好，頑空也好，你來一下再說吧。到達了頑空，你說這個我不要才算本事。你頑空都沒有達到，還怕自己頑空！就像很多人說自己不求財，如果你賺了幾億硬不要，那還可以吹吹。

「**潛潭見象，發散精光**」，就是陽氣下沉的現象。有些道書上講的不同，把這個現象叫做「天入地中」。所以有一派打起坐來把頭彎到肚子裏去，以為這叫做「**潛潭見象，發散精光**」。

實際上這一派道家的法門，是從佛家白骨觀來的，前面已經說過。白骨觀修到某一步，叫你觀想這個頭沒有了，頭放在腹腔裏，有意把它沉下去。不過真正要做到「**潛潭見象，發散精光**」的觀想，或者思想把天入地中，也做不到。如果做到了靜極，陰極了，忘記了頭，忘記了感受，沉下來，這一沉下來不曉得會多久。真到那個境界，算不定七天都不動的！所以修道做工夫需要人護法，也叫做道侶道伴，要有個內行人在旁邊招呼才行。所謂招呼，是天氣變涼了拿衣被輕輕給他蓋著，當然鼻子通氣的地方都給他露出來，讓他自然，算不定七天、二十一天，或半個鐘頭、一個時辰他就轉過來。轉過來就很嚴重了，因為真陽來了，陽氣上升，「**發散精光**」就出來了。

這同每月的現象一樣，「**迨精光漸漸逼露，一日二日以至三日**」，就是陰曆的初一初二初三。「**正值未申之交，昴日畢月，二宿度上，庚方之上**」，這裏要注意啊！這是中原地區的文化，唐代就叫中華，古代歷史上稱中州。《易經》《河洛理數》，都在中州，以開封洛陽這一帶為標準。假使雲南或東南亞的人來看這個書，會感覺古人很不科學。所以現在給大家聲明，這個《易經》所講天文現象，是以中州文化為標準的。

天體變化影響人

每個月初三的時候，「正值未申之交」，「未」就是下午一點至三點，「申」是下午三點到五點。因季節不同而略有偏差。這個季節的道理，是站在中國這個地面仰頭看。假使用天文望遠鏡，它講的很準確，到了下午的四五點鐘，每月陰曆初三月亮已經在西面出現了，但是我們看不見，因為太陽沒有下去，光度給它掩沒了。實際上那個時候已經在「昴日畢月，二宿度上」，「昴」同「畢」是西方星座的名稱，月亮在這兩個星宿之間。「庚方之上」，庚方是西方稍稍偏西南一點。「昏見一鉤」，就是黃昏傍晚時，西南方才出現一點，「如仰盂之狀」，仰盂就是震卦，這就是代表這月亮剛剛出來，所謂月如鉤的一個現象。

「坤中一陽纔出而為震」，《易經》的道理是陰極叫「坤」，北方叫坤。陰極了陽生，每月初三「一陽纔出」，在人體就是活子時。懂了天體這個現象，你自己身體的變化心理的變化，及工夫氣血的流行，才會知道。一切都是心理自然現象，和生理自然的變化。

現在他回轉來講生理，「在身中為鉛鼎初溫，藥苗新嫩，即所云，子當右轉，西南得朋之象也。」鉛代表氣，這個時候靜到極點，氣的呼吸好像停止了。鼎是爐鼎，我們本身就是爐鼎，身體就是個化學的鍋爐，這個鍋爐裏「初溫」，重新發煖，這個才是密宗的真拙火來了。「鉛鼎初溫」，陽光重新來了。

有一本道家的書很要緊的，就是崔真人寫的《入藥鏡》。我們自己生命有長生不老之藥，不是高麗參，不是補藥，也不是多種維他命，是自己這一點陽氣發動，就是「藥苗新嫩」。「子當右轉，西南得朋之象」，這個叫活子時。所以說伍柳派的活子時說，睡醒陽舉叫做活子時，是有一點相像，是對的。但是不可著相，變成一天到晚搞陽舉了，那是沒有用的。這個陰極陽生的現象是真陽來的，是在剛一醒，將發動未發動之間，這個時候把握住，才是真正的藥，長生不老之藥。等到變成陽舉時，這個幼苗已經老了，老陽就不可取了，採了也沒有用。那你說沒有用就把它捨掉，捨掉更糟糕！雖然老了，老薑養一養還是蠻好。

第六十八講

靜極的現象

剛才講到「西南得朋」，這句話是來自《易經》坤卦的初爻卦辭，坤卦最後是「東北喪朋」。所以有些人卜卦、算命，出門向西南走好，西南就得朋，向東北走就喪朋不吉利。但是據我個人研究《易經》的結果——先聲明我是靠不住的！從秦始皇以後，《易經》上這個字印錯了，古人這個字刻在竹片上，是西南得「明」，東北喪「明」，完全是講月亮的現象。竹簡東搬西搬，日久破損，明變成朋字了，我以前跟諸位也介紹過。

「陽炁雖然發生，但造端托始，火力尚微，正應乾卦初九潛龍之象。到

此，只宜溫養子珠，不得遽用猛火」，這個完全是講做工夫。諸位修道家的特別注意！兩個名稱：「子午溫養」，「卯酉沐浴」，尤其伍柳派很流行這一種話。現在正統的道家告訴我們什麼叫「子午溫養」，「卯酉沐浴」。其實方法就在這理論裏面，當我們靜極了回轉來的時候，身體是會有現象出現的。

我們現在先不講這個書上的話，先告訴諸位，有些人靜極了忽然振動一下，那是陽生的兆頭，萌芽的現象。你說一身都搖擺起來，自己做不了主，既然知道自己在搖，怎麼做不了主？有些人說，哎呀著魔了！我控制不了。什麼著魔了？自己怎麼控制不了？不搖就是了嘛！你不理它就是，充其量不打坐了。這些都是陽生，還有靜極陽生，忽然看到光了，閉著眼睛一片光明，也是陽氣初來的現象。但是都是兆頭初萌，你要不稀奇它才對。自己真陽真來時，力量很大，有時打坐坐得好時，手上先發暖了，有些人是腳，有些人屁股發熱了，有些人下部發快感了，雖現象不同，但都是陽氣恢復的現象。因為各人生理不同稟賦不同，健康的狀況也不同，再加上年齡、經歷、思想都不同，反應也就不同了。

所以陽氣隨時可以發動，如果把握得住，的確可以袪病延年長生不老。我有一個老朋友，現在在美國，七十多歲了，看起來像四十多歲的人。他武功好，道家工夫好，每天都要寫萬把字的文章，天天如此，忙生活還要練功，他的確有一套長生不老的工夫。他是杜心武的入門弟子。杜心武是清末民初的人物，武功第一，學道家學武的人都知道，人稱杜大俠，這個人是很不容易見到的。

潛龍勿用

這裏講「陽炁雖然發生，但造端托始」，中國文化裏，人的開始就是人之初，「托始」是說宇宙生命的精神，必須要寄託在一個物質上才能發生作用。換句話說，道家所講的心物，表面上看是一個二元的宇宙，身跟心分開，精神跟物質分開，實際上它兩個是一體。所以老子說，「此二者同出而異名」，同一個體但作用不同。它一旦發動，一部份變精神，一部份變物質。等於我們點蠟燭，蠟燭放光同時也冒黑煙，黑煙部份變成物質，亮光部份變成精神生命，實際上是由一個蠟燭放出來的。所以《老子》開頭一章就告訴我們「此二者同出而異名」。後來老子講「有物混成先天地生」，它要起作用，精神這個東西起作用必須靠物質，心與物是一。所以道家說，修神仙要如何才能成丹呢？精神跟物質生命的力量結合在一起，這就叫做陰陽配合，才能成丹。

陽氣剛剛發動的時候還不行，這個時候是「造端托始，火力尚微」，這個煖力還很微弱。拿《易經》的道理來說，就是乾卦的初爻「初九潛龍勿用」。又扯到《易經》來了，所以我說，天下文章作得最好的是《易經》。「潛龍勿用」是周文王寫的呢？還是周文王的兒子周公寫的呢？不知道！很難研究清楚。可是潛龍勿用這個「勿」字，用得太好了。以前我曾答應把《易經》翻成白話，一開始我就曉得上當了，《易經》本來就是白話，叫我怎麼翻？

尤其這個「勿用」叫我怎麼翻?你要翻成「不用」,不可以用,就不準。勿並不是不,「不」是否定的,而勿是很活動的,用而不用叫做勿用。翻成白話就把意思翻死了,它是活的字,如果翻成「潛龍不用」,就不是勿用的道理了。潛龍勿用的意思等於錢放在口袋,它的使用價值是無價的,一旦用掉價值就定了。也等於說,女同學沒嫁人,男同學沒有討老婆,價值無比,你只要一結婚,價值就定了。現在他說陽氣剛剛發動,正是「**乾卦初九潛龍之象**」。

閉關溫養

所以你懂了這個意思,用功到了陰極陽生時,不要看到光被嚇住了,然後跑來叫老師呀,我今天工夫做得很好很有心得,一片光明!可是現在不打坐,沒有了。當然嘛!已經用完了嘛!潛龍勿用這個時候,要穩,要悶住,像廣東人做燜鍋飯一樣燜住了。為什麼修道要閉關呢?碰到這個境界非閉關斷絕外緣不可。閉關是佛家的話，道家叫做「入圜辦道」，辦道就是修道。閉關這個話也出在《易經》上，是佛家借用的。

我們提到過的，《易經》的復卦，「先王以至日閉關」。一年只有兩個至日，冬至和夏至，一陽初生叫冬至，一陰初生叫夏至，也叫做長至日。夏至那一天白天最長，過了這一天慢慢白天縮短了；冬至那一天白天最短，過了冬至白天慢慢放長了。「先王以至日閉關」，就是說中國傳統的文化，老祖宗們懂得在至日閉關。什麼叫閉關呢？齋戒、沐浴、清淨、萬緣放下，什麼都不理，這也就是溫養了，就好像嬰兒剛剛生下來，放在溫室裏保養。這個時候陽氣一來，只宜溫養之，這就叫做子午溫養，像培養幼苗、嬰兒一樣。怎麼培養？不增不減，順其自然。

孟子講「養吾浩然之氣」，不可揠苗助長，不能幫助它，幫助就不是溫養了。一個鄉下人種稻子，天天看，看不出稻子長高，他就用手拔一下，長高了，稻子也死了，這就叫揠苗助長。許多人做工夫都在「揠苗助長」，剛剛有一點對了，一下子發光了以為得了道，然後要加工，又吃補藥又練氣功，這樣那樣都加上去，結果發光變成發暗了。所以這個時候不能揠苗，不能幫助，只是看住，這是溫養。換句話說，就是佛經所講的照見，觀自在菩薩那個照，觀就已經在溫養中了。

開口神氣散

「**不得遽用猛火**」，這個時候不能用猛火，只能用文火烹煉。什麼叫文火？練氣功的人，呼吸慢慢的不加意，這個叫文火。對不對呢？也對！但不全對。那麼什麼是火呢？正統的說法，意念就是火。道家有兩句話我們必須知道，「開口神氣散，意動火工寒」。修道家的人，如果天天上課，吹牛招搖撞騙，那是不行的啊！因為犯了道家的天條「開口神氣散」。修道人話都不講的，就怕開口神氣散了。意動就是思想雜亂，火工就寒，這個時候要無念，要意念專一就是文火。這是道家的道理，真把它弄清楚了簡單得很，就是「**溫養子珠，不得遽用猛火**」。

因此朱雲陽真人解釋，「此節，言日月合璧，產出金丹大藥，即係活子時作用。」為什麼要加一個活子時呢？因為並不一定是半夜子時，這是活的，每個人不一定的，不是呆板不是死的。天地的法則，子時是夜十一點到凌晨一點，所以夜裏十二點是正子時，這是呆定的。但地區不同，在英國、美國東部西部都不同，我們的子時是人家的午時。所以修道你要注意地區不同，子時絕對不同。換句話說，也有另外一個活子時，因為生命是活的，法則是呆定的。生命的變化規律雖然同天體太陽月亮的規律一樣，但如果說因此到子時非打坐不可，我說你那就是「死子時」，你不是學長生，而是學長死了，所以要懂得活子時。

他引用「尹真人云，欲求大藥為丹本，須認身中活子時」，這是告訴每一個修道的人，要想拿到自己生命裏的長生不老之藥，首先要瞭解身體內部活子時。「正此義也」，就是這個道理。

丹經的亂象

那麼他又說理論了，「晦朔之間，坎離交而成乾」，坎離交媾，水火交媾變成乾卦。道家的名辭叫做「取坎填離」，這是什麼取法呢？道家的旁門左道花樣就很多了。坎卦在身體代表精液、荷爾蒙等等；卦是個代號不是呆板的，要活用。離卦在人體代表心臟，在思想是代表念頭多，在面孔上坎卦代表耳朵，離卦代表眼睛，哎喲一大堆！就像是一個孩子不曉得拜了多少乾爹媽，你就弄不清楚了。所以中國的道書混亂，哪一門哪一派哪一個仙人，各人不同，他喜歡怎麼用就怎麼用，政府也沒有規定他。因此這個道書千古丹經是一片亂象，看不懂好麻煩，看懂了又覺得真夠囉嗦，講許多空話！它為什麼用那麼多代號呢？因為怕洩露天機。

由於用了許多的代號，所以「取坎填離」就產生了很多男女之間的採陰補陽，多得不得了！但是你不要搞採補，因為天下的道很簡單，第一等人所謂菩薩、神仙，是損己利人；第二等人小菩薩，利己利人；末等不是人，他們損人利己。要採陰補陽，這個動機就損人利己，這樣能成仙成佛我絕不相信！這個道理一定先搞清楚。

「乾為真金，故稱金丹」，乾代表金，所以道家把至陽之乾叫做金丹。「所以金丹火候，專應乾卦六陽。」所謂金丹的火候沒有辦法講了，火候是一步一步工夫。神仙收你做徒弟，只能傳口訣，沒有辦法傳火候，連佛都沒有辦法傳，只能講原理。所以照這個方法你去修吧！火候就靠你自己了。釋迦牟尼佛也講過火候，不過沒有說明是火候，他在修禪觀的時候，只告訴我們四個字「知時知量」，我已經講過。就像自己吃飯喝酒一樣，量差不多八成九成就夠了，再不能添一點，添了一點那個境界又跑掉了，這就是火候。

第六十九講

陰陽循環的過程

《參同契》這裏開始講的學理，說到人體生命陰陽之氣的功能，與月亮地球運行的關係。由月尾到下月初，說明活子時生命能的發動，以及一步一步的功能，使我們認識修道時氣機的發動一步一步的程序和境界。這個必須要瞭解《易經》的十二辟卦，這是麻煩的事，大家聽起來會覺得很囉嗦，尤其是對《易經》不熟，所以這一段現在大體把它講過去，將來再做研究補充。

「陽以三立，陰以八通，三日震動，八日兑行。九二見龍，和平有明」，這個都屬於《易經》。「陽以三立」指每月陰曆初三，月亮剛剛出現。加一候五天就是初八，月亮半圓，在《易經》的數理陰陽道理來講，這個陽裏有陰，所以「陰以八通」，初八算是陰的開始。「三日震動」，初三是震卦的現象剛剛發動。「八日兑行」後天的八卦圖，初八屬於兌卦，此時月亮半黑半亮。「九二見龍」，九二就是第二爻，這個龍字是形容辭，形容一股陽氣剛上來，這個時候陰一半陽一半，「和平有明」，正在中庸的狀態和平境界。

「三五德就」，三五一十五，每月陰曆的十五「乾體乃成」，整個的月亮統統是白的，這個情形好像月亮的光明圓滿。《易經》的解說，物極必反，盛極必衰，都是必然的，沒有辦法變動。人的生命壯極必老，也是呆定的，所以到「三五德就」的時候，等於乾卦到了極點圓滿，接著陽極就陰生。這個原則反映在中國文化的世道人生哲學，萬事都不可過份，盈滿了就要失敗。過了十五以後，下半月開始就是陰。

「九三夕惕」就是乾卦的第三爻，晝夜都要小心，等於年齡大到了極點，就準備走了。「虧折神符」，這個時候月亮慢慢走向下半月，夜裏就「盛衰漸革」，漸革也是卦名，這個現象又變了。「終還其初」，最後又走到陰的境界去。打坐修道做工夫也是這樣，所以大家必須要瞭解這個道理，當你精神最健旺、境界最好的時候，下一步就是陰境界來了。陰境界並不可怕，陰極陽極都是了不起的，所以必須要認清這個法則。

假使一個修道人到了晝夜身心舒爽，百脈暢通，內外一片光明，等於道家北派的祖師丘長春所講的，人變成了無縫塔。沒有縫就不漏，六根不漏在一片光明中。假定你有這個境界，你說下一步呢？明極就暗，轉過來陰境界一定會起來。一陰一陽，一明一暗是它的過程，那個能明能暗的是道體，不在這個明暗境界上。真正的大道成功，是在無陰無陽之地，非陰非陽，那個暫時不談。現在講修丹道做工夫的方法，對這個境界的變化必須要認清楚。

不要怕陰境界

現在他說陰境界來了，「巽繼其統，固濟操持。九四或躍，進退道危。」巽是卦名，巽為風，陽極一陰來了，下面是一陰開始的巽卦，就是「巽卦繼其統」的意思。修道的人工夫到這一步，注意這四個字：「固濟操持」，就是要好好把守住，不要被陰境界騙走了，不要恐懼不要害怕，因為這是一個必然的反覆過程。這一個程序，每一個境界每一步工夫都告訴你了，等於是乾卦九四爻的爻辭：「或躍在淵」，在深淵裏跳出來，像一條龍一樣，俗語所謂鯉魚跳龍門，跳過去就化龍了。譬如你們青年同學們，學校剛剛畢業年紀輕，所謂春秋方盛，前途無量的樣子，也許跳出來，也許跳不出來。這時候價值無比的大，所以叫或躍在淵。到了這個境界由陽到陰，要特別小心，「進退道危」，或者進步或者退步，這個道不是講大道的道，是這個法則、原則。這個境界裏究竟該進該退，競走入陰境界，或是保持陽境界，要特別小心，因為這還是不定的。那麼到了這一步工夫怎麼辦呢？這個就要靠你的智慧了，因為這是火候的問題，有時候就趕快走入純陰的境界裏，大休息下來也是一件好事。

「艮主進止，不得踰時，二十三日，典守弦期」，剛才這個巽卦，第二爻又變成陰了，兩重陰爻變成了艮卦。陰境界等於每月陰曆的二十二、二十三這兩天，成了艮卦，等於說陽爻光明只剩了一點，下面是暗的。這樣就曉得自己的限度了，不能再加，只能減下來，「不得踰時」，違反這個原則是不行的。這就是每月陰曆二十三的時候，典守下弦之期月亮，一半亮的一半暗的，同上半個月一樣，不過亮光是向下顛倒的次序。

「九五飛龍，天位加喜」，到這個境界等於乾卦的陽能快要完了，九五飛龍在天之相，光明到了最鼎盛的時候，下一步就是黑暗的開始，所以飛龍在天，所謂天位已到了最高處，再進一步就轉陰了。

「六五坤承，結括終始」，每月的月尾，坤卦第五爻了，月亮的光明都沒有了。我們打坐修道到這個時候，一點念頭沒有，完全到了一個沉沒的階段，等於說無知、無喜的階段。如果修道到這個境界，「結括終始」，要像口袋一樣封起來，什麼都不管，因為陰極了，下一步又轉過來到光明境界，力量更大。所以「韞養眾子，世為類母」，這個韞養的第二度光明再來，等於這個陰極是媽媽，再生一個兒子出來。在密宗也講到這個道理，所以有子光、母光這個差別，一般人把「明」的先後境界的差別，比喻母子相會的道理。這是月尾的月亮，我們的境界也是如此。「上九亢龍」，亢龍就有悔，到了最高處就不行了，「戰德于野」，陰陽交戰。現在還是把所謂煉丹、氣機、生命、精神、健旺這些變化，用《易經》的乾坤兩卦六個階段來說明。

群龍无首最好

「用九翩翩，為道規矩」，「用九」這個名稱很有意思。現在留下來這一本周易的乾卦用九、坤卦用六這兩個名稱，只有乾坤兩卦裏頭有。坤卦是陰爻用「六」代表，乾卦是陽爻用「九」代表。其他卦裏頭沒有。怎麼叫

「用九」、「用六」？歷來解釋很多，我的研究告訴諸位，就是「用陰」「用陽」。換句話說，到了最高的境界，天地宇宙萬物同人一樣，都受陰陽的法則所支配。能夠不受陰陽法則支配，善於用陰陽，超越於陰陽之外，就是「用九」、「用六」的道理。

所以《易經》的乾卦有一句話，「用九，見群龍无首，吉」。群龍就是指這六爻，六條龍无首，沒有頭的，這是大吉大利。六條龍都沒有頭為什麼大吉大利呢？用九，從政治哲學、歷史哲學立場來講，「用九翩翩」是謙虛到極點，自己決不做首領，也不佔任何位置。我常說中國文化裏的隱士之道，是帝王學的領導，隱士決不佔任何位置，也不要任何權益。所以用九這個「群龍无首」，也可以說是真正的大民主的精神，平等平等。自己不在其位，一概不用，當然大吉大利。一個人幫忙團體得益很多，他自己什麼都不要，飄然而去，這個人就是用九。用九當然「見群龍无首」，所以大吉大利。

按部就班　九轉還丹

用六也是一樣。有吉有凶就是人有所求，到了無所求的境界也是與用九一樣。所以《參同契》「用九翩翩，為道規矩」，是說做工夫一步有一步的境界，一步有一步的道理，用九用六而不被陰陽所用，是跳出了陰陽之外。我們沒有跳出以前仍要知道用九，每一個境界來都曉得是過程，不是永恆。就算神通廣大，能翻天覆地，還是道的用，不是道的體。如果被自己的這些境界騙住了，修道永遠不會成功！所以，每一個境界都不能執著，因為下一步還要變化。所謂「用九翩翩」，那是形容超越的意思，「為道規矩」，是要曉得那是修道的這個道理。

到了「陽數已訖」，乾卦用完了，陽數「九」沒有用了，「訖則復起」，陽極就陰生。「推情合性，轉而相與」，拿人的生命來講，陰陽是性情，這是中國文化《禮記》的根本。性包括心理的，情包括生理的，懂了這個法則來「推情合性」，把生理與心理的境界合一，這也是一陰陽。也就是把心理的一念不生的清淨，與生理上氣住脈停相結合，則一步一步自然會起變化。所謂「九轉還丹」，像一個圈子一樣在旋動，九轉並不是氣在身上打轉九次，九是陽數，是說陽氣極而轉陰，陰氣極而轉陽這樣的過程階段。

「循環璇璣」，這個流動互相反覆，「璇璣」是古代天文儀器中心在轉動的那個東西。「升降上下」，陰陽到了一升一降，一上一下。「周流六爻」，從《易經》來講六爻，六個位置。「難以察覩。故無常位，為易宗祖」，每個境界的變化，如佛經所說「不可思議」，不要去想，難以推想觀察，因為我們生命的功能都是自然變出來的。但是每步工夫不一定呆定的，依個人的體能、年齡、心理等的關係而有異。活子時也不是呆定的，可是這個法則、道理、規矩，等於科學的公式，它是呆板的。所以必須要把這公式把握住了，才能修道。

道家有各種各樣的怪工夫，從丹田從海底提氣上來，再從背上轉，到前面下去叫做轉河車等等，這些都不是正統道家的路線。你不能說他錯，但是正統道家走的路不是這個樣子，只要是後天有意去做的，縱然成功也不是正道。因為做得成的就壞得了，不做就沒有，所以不是正道。

丹道先養性

現在我們翻到中篇，正統道家的神仙丹道之術，下手的工夫先從養性開始。中國文化三家，佛家講明心見性，道家講存心煉性，儒家講修心養性。《參同契闡幽》這本書上，註解的朱雲陽真人，不用道家名稱，倒用了儒家的養性說法，道理都是一樣。「此卷，專言養性，而御政伏食，已寓其中。」養性同佛家明心見性不一樣，不是用禪宗所謂參話頭的方法，他不要你參，因為人性本來就是道，人性本來就是佛，你只要培養就出來了。這一篇專講養性下手的工夫，與道家的修持之路，以及得到金丹吃下去長生不老的道理、程序，「已寓其中」，都包含在內了。

性命歸元章第二十

將欲養性，延命卻期。審思後末，當慮其先。人所稟軀，體本一無。元精雲布，因炁託初。陰陽為度，魂魄所居。

陽神日魂，陰神月魄。魂之與魄，互為室宅。性主處內，立置鄞鄂。情主處外，築為城郭。城郭完全，人民乃安。

爰斯之時，情合乾坤。乾動而直，炁布精流，坤靜而翕，為道舍廬。剛施而退，柔化以滋。

九還七返，八歸六居。男白女赤，金火相拘。則水定火，五行之初。

上善若水，清而無瑕。道之形象，真一難圖。變而分布，各自獨居。

類如雞子，白黑相符。縱橫一寸，以為始初。四肢五臟，筋骨乃俱。彌歷十月，脫出其胞。骨弱可卷，肉滑若飴。

千古丹經《參同契》，內容歸納成三大綱要：御政、養性、伏食。本章叫做「**性命歸元章**」，是後人所加，指性與命兩個合一。在別的道書上，性跟命叫做神與氣兩種。神是性的現象，氣是命的現象。所以神氣是講它的現象，性命是講它的根本。現在修道成功變成神仙就是性命歸元這個作用，返本還元了，得了道長生不死了。所以「**此章，言性命同出一源，立命，正所以養性也**」。道家的書都是講先修身，把身體修好，因為我們這個肉體是生命的一個傑作，一個果實。譬如蘋果是蘋果樹結出來的果，等於我們這個身體一樣，但是蘋果的生命是蘋果樹上來的，蘋果樹是命根。這個命根在蘋果裏也有，再把蘋果子種下去，好好培養，它又長一棵蘋果樹出來。所以我們這個肉體不是本命，可是本命也在這個肉體。真正把命功修好了，「明心見性」見道自然很容易，所以立命正是養性，就是這個道理。

「**將欲養性，延命卻期**」，你想修道，成了道就明心見性了，佛家叫明心見性為生命的本來。我們想長生不老，延命就是長生，就是卻期。到一百歲乃至二百歲不死，就是支票不兌現，兌現了就叫做死。延命不去死，就是卻期支票。想達到延命不死，下手工夫先從養性開始。怎麼養性？道家講性就是命，命就是性，要在理論上先瞭解；理論不通，修道都是白修。所以「審思後末，當慮其先」，要瞭解一個東西的末端地方，先要瞭解它的根本，也就是要先瞭解性命從哪裏來。

養性即修命

「人所稟軀，體本一無」，父母沒有生我們以前，沒有這個生命，當然沒有生死。「元精雲布」，等到父母的精血交配了，像雲飄上天一樣，上去後雨就下來。「因炁託初」，父母精血凝結炁化，我們生命投入而形成了胎兒。「陰陽為度，魂魄所居」，這個成長的過程，陰陽有它一定的境界，一定的度數。釋迦牟尼佛幾千年前講的生理學，跟現在一樣而且更清楚。娘胎裏頭七天一個變化，三十八個七天共九個多月，生長成為一個有魂有魄的人而出生。朱雲陽祖師的註解非常好，「此節，言養性之功，當徹究性命根源也」，養性的工夫就是修命的工夫，必須要先瞭解性命的根本。「何謂性，一靈廓徹，圓同太虛，即資始之乾元也。」性是什麼？因為這位朱雲陽真人是清朝的，距離我們只有三百多年，算是近代文化，他把儒釋道三家合起來講，「一靈廓徹，圓同太虛」，圓滿光明，清淨無念像太虛一樣。假使無念是糊里糊塗的，什麼都不知道叫無念，那叫做糊塗！不叫無念。無念等於天氣好的時候，萬里無雲，青天中間一靈不昧，靈覺之性萬法皆知。「一靈廓徹」，廓就是空空洞洞無量無邊，徹東徹西天上天下無事不包。這是圓滿，同虛空一樣，虛空有多大這個靈性就有多大。在《易經》來說，就是「萬物資始」，宇宙萬物都靠這個功能生出來，這個叫「性」。「即資始之乾元也」，叫做乾卦，萬物的根源是「性」。我們修道，道的根源在哪裏找？在「性」中找。命是它變出來的，所謂心物一元都是它變的。

「何謂命」，現在講我們的命在哪裏，你看在座的有年輕有年老，老的不是這條命老了，是形體老。什麼是命？「一炁絪縕，主持萬化，即資生之坤元也」，真正生命是這個「炁」，這個炁不是呼吸之氣，現在的語言講就是生命有個能量。這個「一炁絪縕」，絪縕就是悶住了，陰陽混合悶住。絪縕兩個字很難解釋，譬如有時候氣候悶起來一點風都沒有，很悶很難過，知道快要下雨了，這個大氣在蘊釀，尤其是在春天。所以青春這個階段，最麻煩，這就叫做「春困」。《紅樓夢》中林黛玉春困發幽情，這是春天絪縕的境界，就是悶，頭腦都不清，身體都懶，像老母雞抱蛋也是這樣，悶悶的。

「主持萬化」，萬化之物，像發豆芽，黃豆泡水，上面蓋起來，那個水蒸氣悶住它才發芽，那個境界就是絪縕。萬物都靠這個境界，在《易經》的道理是坤卦的境界，坤屬陰。如果你們修道打坐，能夠坐到忽然之間忘掉身體，忽然之間什麼都不知道；說不知道嘛又知道，說知道嘛又不知道。像老母雞抱蛋一樣一身都軟了，很舒服不想動，念頭思想都沒有。這樣子悶住久了，可以返老還童了；隨時都悶住更好，越悶越熟，精氣神都發展了。可是修道的人多半不是如此，而是用腦筋、用方法、用意識搞來搞去，並沒有靜下來。所以一定要靜到極點，就是老子所講「歸根曰靜，靜曰復命」，才是命功的境界。絪縕是《易經》上的，悶悶的，但也不是悶，這個身體永遠在春天，所以叫長春，永遠在那個春困的階段，也就是命功的境界。

第七十講

延長生命的電源

講到性跟命，「此是先天性命」，在道家講起來是形而上的，「在父母未生以前，原是渾成一物，本無污染，不假修證」，我們的本性，在父母沒有生我們以前——不是講這一生的父母，是指原始生命這個本來，在沒有變成人，在六道輪迴打滾之前，原是陰陽一體心物一元的。那時本來沒有染污，也不需要修，個個都是仙都是佛。「一落有生以後，太極中分，性成命立，兩者便當兼修。」未生之前，本來是一個太極，太極是陰陽合一的心物一元。可是有了這個生命以後，太極中陰陽分開了，所以我們有性有命。儒家講起來，就是有性有情，人有情感，受自身生理的支配。我們要想從凡夫修回到本來那個仙佛一樣的境界，既要修性也要修命，要同時兼修性和命二者。

「然性本無去無來，命卻有修有短」，這個性本是自性清淨，沒有辦法修，不要你去修的。佛家講性，就是《心經》上說的不生不滅，不垢不淨，不增不減。道家說，我們做工夫修的都是屬於後天的命。命功是有為法，有些命長有些命短，「修」就是長。

「若接命不住，則一靈倏然長往矣。」人的壽命等於電器充了電，有些人電源多一點，命長一點，有些人短一點。要想活著，自己要曉得充電，就是要曉得「接命」。如果不曉得充電，接命接不上，「則一靈倏然長往矣。」這一點靈性的肉體生命，電源用盡，命功一斷，靈性這一部份就離開了。

「修道之士，要做養性工夫，必須從命宗下手」，所以修道的人，想明心見性，原則就是必須把身體弄好，不珍惜這個身體是不行的，所以先要把命功修好。

「故曰，將欲養性，延命卻期」，魏伯陽真人的原文上講，想養性必須先修好命功。「卻期」，要像逃避兵役一樣的慢點去報到，要超越時期。「何謂卻期，凡人之命，各有定期」，在佛家講是定業，業力的關係，這股力量是一定的。「其來不能卻，其去亦不能卻」，當你投生的時候，不想來也做不到，我們自己也莫名其妙就生出來。父母也做不了主，要想生女的偏生男，想生男的偏生女。要生時推卻不掉，要死的時候也推卻不掉。「惟大修行人，主張由我，不受造化陶冶」，只有大修行人，工夫到了，要死就死要生就生，生死把握在自己手裏。「命既立住」，修到命功完成叫立命，命功把握了，「真性在其中矣」，性功的道理就在命功之中了。

「人若不知本來真性，末後何歸」，修道只要明心見性，知道自己的本性是什麼，最後一步工夫成就的是性功，不是命功。所以你修道成功，工夫再好也是有為法，是有修有證；要歸到無修無證，不增不減，最好沒有工夫了，不需要工夫了。所以「了性是末後大事」，最後還在了性，是性功的成就，這是道家的道理。

和尚變道士

道家有南北兩派，我說呂純陽祖師等於佛家的六祖一樣，南宗北派同他都有關係。南宗到了張紫陽真人，他得道的弟子是和尚，後來當道士去了，名叫薛道光。他參禪參了幾十年，他師父們都認證他大徹大悟了，但是他覺得沒有悟。悟道要了「性」及「命」，這個一念不生全體現這些，他都懂都證到了；但是他認為悟了道大徹大悟，只了了一邊，另外還有一邊，還有這個命功沒有了。在禪宗來講，就是所謂向上一路的事。因此他不穿和尚衣了，穿了和尚衣到處訪道找明師不方便，後來碰到了張紫陽真人，他才成就。

這個就是說，你要修道，沒有修明心見性的性功，只做有為工夫也不成功，原因是著相。所以修道修密宗的人，非常容易著相，解脫不了，性功很難悟透徹。但是修性功的人，專坐禪達到明心見性，也只見到法身，了了性，沒有了命，報身不成就。報身是要修命功的，所以性命雙修就是道家的理論。可是修命功必須要先悟到性功，所以「人若不知本來真性，末後何歸」，也是枉然。「了性是末後大事」，在道家講了性是什麼呢？明朝以後道家「煉精化氣，煉氣化神，煉神還虛」，還虛還不是了性，什麼時候是明心見性？粉碎虛空！虛空都要打破，所謂「虛空粉碎，大地平沉」，這個時候就了性。命功修成了再了性功，那麼這個神仙就不是神經了，就是真正的神仙了。

「不知欲要反終，先當原始」，所以修道的工夫，是要回到本來那個不生不死的仙佛之道，就是回到我們那個本來面目去，回到這個生命的本來。所以「欲要反終」，要想回到最後那個本來地方，「先當原始」，必須要先找出本來面目。他這個道理是說，修道的第一步「必須反覆窮究」，一定要去窮究。窮究就是佛家禪宗的參禪，「思我這點真性，未生以前，從何而來。既生以後，憑何而立」，這就是禪宗祖師講的參話頭，父母未生以前你在哪裏，死了以後究竟有沒有？

我們看清朝的皇帝順治，後來他出家了。他有首詩，因為滿州人初學中國文化，作得不大好，但是他寫得很坦然：「未曾生我誰是我，生我之時我是誰」。不過他表示後來悟道，「黃袍換卻紫袈裟，只為當年一念差」，他認為前生是個得道的高僧，這一生當了皇帝划不來。「我本西方一衲子，因何落在帝王家」，很討厭做皇帝。歷史上有好幾個皇帝自己及後人，都發了願，願生生世世莫生帝王家。你看做了皇帝的人那麼討厭當皇帝，有了富貴那麼討厭富貴，就是我們這些窮小子偏偏想富貴。

這個性功要參究要悟道，你要悟到「未生以前，從何而來。既生以後，憑何而立」，現在我們這個命究竟在哪裏？是在丹田，還是在腦子？哪裏？「憑何而立」？

魏祖和六祖

由此「便知了命之不可緩矣」，我們做工夫修道，開始只知道要了性，要明心見性。但是真正能明心見性，必須先要做了命的工夫。命功做到了家，了了這個後天的命，恢復到本來，命在我們自己才有了把握，才能了性。

「故曰」所以魏真人說：「審思後末，當慮其先。最後受胎之時，不過秉父精母血，包羅凝聚，結成幻軀。」我們現在這個身體不是命，這一點修道人要認清楚。這個身體是後天的命，受胎的時候我們這一點靈性碰到精蟲、卵臟，包進去跳不出來了，「結成幻軀」，三樣結合就生成我們這個身體。「此乃有形之體，非真體也」，這不是性命的真正，所以我們叫它幻，佛學叫業報之身，來受報的。受個什麼報呢？苦受、樂受、不苦不樂受。如果前生造孽多端，這一生就受苦一輩子；前生做好事，這一生富貴，一輩子不受苦報只受樂報；有時候我們愣頭愣腦的，是受不苦不樂之報。

「我之真體，本同太虛，光光淨淨，本來原無一物」，我們這個生命的本體同太虛一樣無量無邊，光明清淨偉大得很。「故曰人所稟軀，體本一無」，所以就是後來的六祖說的：「本來無一物，何處惹塵埃」。這個時候禪宗沒有來，佛法也沒有來。魏伯陽是中國文化，由此說佛道兩家一樣，「本來無一物」，不過用的文字不同。

神室　元精

「及至十月胎圓，太虛中一點元精，如雲行雨施，倏然依附，直入中宮神室，作我主人。」十月胎圓，圓滿了，這個太虛中清淨本身中一點，不是有形的，也不能說是無形的；這一點元精，「如雲行雨施」，像天雨降下來「倏然依附」，包餃子一樣包進身體裏。「直入中宮神室」，我們有形身體的中宮在心窩以下，也正是胃的這個部份。神室就不是中宮了，腦子、心臟都是神室。這個元神在我們身體裏好幾個房間，好多的地方有它的別墅，這都是神室。你說一定在腦嗎？上丹田這裏嗎？都不是，但是都有關係。所以這一點「元精」——不是元性，注意啊——煉精化氣就是煉這個，中宮神室的那一點，元精就做了我的主人。這一點特別注意，我們那個能夠思想，能夠做主的，能夠用心的，精神很健旺的這一點，就叫做「元精」。

現在講到身體有形的部位「直入中宮神室」，你們年輕的，道家的書，密宗的書亂看，看了以後修氣功修氣脈，很多都在那裏忍精不放，那些臉色我一看都是問題，不得了的，這非神經不可。嚴重告訴你，不是這個道理，甚至煉精化氣也不是這樣。現在講到「元精」，這個「元精」不是精蟲，精蟲是「元精」所變化的一點點，不算什麼。我們這個生命來得不容易，既然有了這個身體，現在不好好的修回去，那真可惜！跟我們一同來想投胎的，有那麼多生命，那個是有形精蟲的精。「元精」不是講這個，不過同那個有關係。

三種氣

「于是劈開祖竅，㘞地一聲，天命之性，遂分為一陰一陽矣。」就是剛剛生下來，㘞的一下，那個時候這個元精下來。「劈開祖竅」，這一竅在哪裏？有人說祖竅在頭頂，修道到後來成功，這個地方是開的，密宗叫開頂，不一定跳動，一定會開。注意，那不是祖竅！祖竅可以說無竅，祖竅同這個有沒有關係？也有關係，部位差了一點點，差不多了。這個時候劈開祖竅，㘞的一聲生下來，先天本命那個本性就分為一陰一陽。所以人生下來一半清醒一半糊塗，頭腦有時候明白，有時候糊塗。

我們中國這個氣有三種，一是呼吸之氣，就是空氣的氣；二是道家講生命的元氣的炁，无火之謂炁，就是生命能，這個是命；三是米穀之氣，靠各種營養，吃飯維持生命，所以叫做米穀之氣。「蓋後天造化之氣」，後天造化這個生命，氣發熱所謂體能的熱。「若非先天元精，則無主而不能靈」，如果先天來的這個元精跑掉了，不做主了，我們就沒有思想，等於有些人躺在醫院裏沒有死，上氧氣了，頭腦沒有思想變成植物一樣。這裏告訴你，這個人的生命是「後天造化之氣」，如果沒有先天元精就無主了，無主則不能靈，這個先天元精就有那麼重要。

「先天元精，若非後天造化之氣」，身體不健康，營養不良，身體有病也不行，「則無所依而不能立」。後天命修不好，身體這個機器不對，先天元精住不下去了也很麻煩，無所依了。等於你包的餃子，下鍋皮破了，把這個餡也漏掉了。所以後天造化之氣，後天的營養，身體的健康，也是非常重要；不然你這個元精不靈明了，後天先天的關係是這樣的。

由此「可見性命兩者，本不相離」，修道的人注意！修性修命，性命二者是一體，不能分開。「故曰，元精雲布，因炁託初」，我們這個身體後天生命，像空中的雲一樣，元精這個生命力像電一樣，我們看不見，可是有這個作用。我們看得見呼吸的功能，呼吸功能不行了趕快上氧氣，有氧氣所以死不了，這時元精還留了一點的。這個元精，是靠後天這個氣做它的依託。

魂為陽為木　魄為陰為金

「後天之造化，既分一陰一陽，陽之神為魂，魂主輕清，屬東方木液」，造化是中國的名辭，在宗教家就叫上帝、靈魂、佛。中國文化沒有這套宗教的外衣，把這個主宰叫造化，像化學一樣能夠造成變化萬物的這個功能。到了後天生命分成一陰一陽，陽的神，我們講精神，神就是魂。魂在身體內部是清淨的，頭腦清淨，眼睛明亮，眼睛是神進出的道路，所以西方文化也講眼睛是靈魂之窗。不錯，所謂心神相連，心跟神兩個相連；心眼，心跟眼睛也相連。《楞嚴經》上「七處徵心，八還辨見」，佛說一切眾生不能成佛得道，因為「心目為咎」。所以心跟眼睛兩個出的毛病都有關係的。你看佛家雖然不講性命雙修，其實也是性命雙修，佛只用另外一個方法講，要你去悟。「屬東方木液」，木屬肝，魂同肝的關係最重要，木液就是這個精液。

「陰之神為魄，魄主重滯，屬西方金精。兩者分居坎離匡廓之內。故曰，陰陽為度，魂魄所居。」陰就是這個身體，營養變出來的這個氣魄。我們講這個人很有氣魄，就是這個魄，身體各部份功能很健康，因此成為魄。它形成物質是重的，向下走，變為後天男人有形的精蟲，女性有形的卵臟。

現在講魄，「屬西方金精」，金是個有形的東西，肺屬金。所以腎虧不一定治腎，因為腎為肺子，如果肺氣增強，金生水之故，腎就健康了。我小的時候祖母生病了，父親找醫生，偏不找當時有名的某某，因為知道他不過是時醫——走運的醫生，並不是真有本事。他要是搞錯了，那個藥吃下去就都不對了。所以講到這個魂魄道理，這個就是命，你要當醫生救人家的命，就要懂道家的學理才行。

個性非本性

「蓋命之在人，既屬後天造化，便夾帶情識在內」，這個後天的生命，在身體內帶有情識。佛家的六識、七識、八識，就叫做情識，這個識就與情有關係。中國文化叫做情，佛法就叫識。「只因本來真性，攙入無始以來業根」，又用佛學了，這個業根就是情識。「生滅與不生滅，和合而成八識」，這在佛學的唯識都講到，生滅法同那個不生不滅法，兩種揉合下來構成了八識。「識之幽微者為想」，那個心意識最微妙的就是我們的思想，所以你打坐用功思想停不了，就算你在昏沉裏頭還是有想，就是幽微的意思。「想之流浪者為情」，這個思想在外面流浪，波浪大的就是情感。「情生智隔，想變體殊」，人的一生，因為妄想情識充塞，真正先天的智慧就沒有了。這八個字實在用得好，思想一變人的本性就變了。人的個性各人不同，這個個性不是本性，是思想變出來的，是情識念力所變的，所以「情生智隔，想變體殊」，是屬於後天的作用。

「顛倒真性，枉入輪迴矣」，所以真性，清淨本來面目被埋沒了，都變成後天的個性，這個情識再變化變成了業力。所以顛倒眾生，六道輪迴跳不出來，不能成仙成佛。「所以學人，欲了性者，當先了命」，因此強調，學神仙丹道的人，你想明心見性就要把命功先了，命功一了，明心見性自然到達。正統道家所強調的這個理論，我今天站在道家立場來講，百分百的正確。中國文化的儒家、佛家、道家，到了清朝朱雲陽手裏，已經三家真正合一了。

第七十一講

了命先立命

上次提到這個性情，就是性命的性。道家說到性命雙修，怎樣是性？怎樣是命？最後歸結到佛家的八識。這個第八是阿賴耶識，第七識命根，命根的情識。所謂見思惑清淨了，煩惱清淨了，就返本還原，返回自己的本性。以前曾講到〈青天歌〉，丘長春道長講性功，修性修到了就可以了命。道家修持方法同藏密修持的方法，基本理論是一個，就是先了命，了命以後自然返本還原，性功就到了。朱雲陽真人註解的《參同契》，講得很明白。

下面原文是分析道家的術語，「陽神日魂」，陽神是太陽裏的精魂；

「陰神月魄」，陰神等於月亮裏的那一點黑影。中國人習慣分魂跟魄為兩部份，什麼是魂？什麼是魄？我們提到過的。魂普通叫做靈魂，魄就是在肉體上有個作用，在死亡時這個作用就流散了，魂魄兩個不能結合在一起就完了。「魂之與魄，互為室宅」，這兩樣，一樣都不可缺少。也就是說，身心兩個互相影響，生理身體不健康時，我們思想精神也沒有了。身體的這一部份是命功，心理是性功，心理不舒服或者是苦悶灰心，身體也會壞。所以魂跟魄兩個互相為室宅。哪個是主人，哪個是侍從講不清楚，有時候這個做主，有時候那個做主，當然自己要看清楚。

「性主處內，立置鄞鄂」，我們後天的生命，本性在身體內部，離不了肉體。但是我們修道的人，要想超越物質肉體的障礙，必須先使本性心性不向外流走。所以佛家就講修止修觀，道家就是養性，設立圍牆把它包圍起來不讓它向外邊跑。「立置鄞鄂」，鄞鄂就是邊際，古代為城門城牆。「情主處外，築為城郭」，把七情六欲向外推滅，推到城郭外面。「城郭完全，人民乃安」，有城郭保護，人民才心安，這是講修道的方法。

世界上用功的方法，不管學佛修道，永遠難求得一個真正瞭解貫通而統一的方法。如果真正有的話，修行起來並不難，很快，不過有一點很難，就是培養功德做善事，這個太難。一般人貪便宜，以為只要打坐做工夫就可以成仙成佛，好事一點都不做；小的好事馬馬虎虎做一點，大的好事是不幹的，永遠辦不到的，所以善行很難。

我們把這個道理講了，現在看註解。「此節，正言後天立命之功」，前面講過這個理論你不要認為空洞，必須要透徹瞭解。這一節開始就告訴我們先了命，命功做到了自然明心見性。現在講立命之功，修道就叫了命，不再受這個肉體物質世界的拘束，甚至變化了肉體，這個叫做了命。「了」，佛家名稱叫解脫，道家的解脫也有好幾種，他們認為佛家的修煉方法，到達最高的境界也就是煉陰神，所以成仙成佛有很多的法門，很多的道路。

但是這些都不是了命，真正了命是把這個肉身轉化，散而為氣，聚而成形，要有就有，要沒有就沒有。道家也好密宗也好，這些理論這些方法都非常多，過去都非常祕密，現在幾乎十之八九都公開流行，可是旁門左道也非常多。

了命怎麼了？必須先要立命。了命跟立命兩個名稱要注意，這個命就在我們身體上，但是我們的命不屬於我們的，依照自然規律，到時間就死了，自己一點也沒有辦法做主。立命就是先建立自己，等於把流散的水銀兜攏來，全然把握在自己手中，就是立命。要想修命功，第一步先修立命的工夫，重新建立自己，這裏頭就有理論了。

魂魄與日月

「後天一魂一魄，分屬坎離」，他說我們這個後天的生命，分成魂魄兩部份，歸到《易經》的兩個代號叫坎離，坎卦屬於水，離卦屬於火。水是身體上的各種荷爾蒙、精液、口水；火就是身體上的熱能。這個生命沒有僵硬，也沒有冷，因為有熱能——不是麵包、飯這個熱能。密宗就叫做拙火，煖氣發起，可以說是生命的學問。這個離火，這個坎水，同上面所講的唯識也有關係。現在講後天的不講先天的，這裏說我們著手修煉，就要瞭解自己本身魂魄各佔一半，分屬坎離兩卦這個原則，這個是立命的根本。

「蓋以太陽在卯，故離中日魂，為陽之神」，卯是東方，太陽在卯是說太陽一定從東方出來，卯在這裏代表一個方位。太陽當中有個黑點，是陽中之陰，所以叫做離中的日魂。那一點是它的真精神，整個的太陽可以說是陽，中國哲學及科學說，陽中有陰，這一點黑點至陰之相，是真正的陰。「為陽之神」，這一點是太陽中間的精神，陽中有陰是它的神。

「太陰在酉，故坎中月魄，為陰之神」，酉代表西方，月亮在西方是講月亮每月初三首先出現在西方。月亮屬於坎卦，有關月亮黑點的神話很多，如月中有嫦娥等等。現在科學說法又不同了，究竟月亮裏有沒有東西，科學還沒有結論。但月亮裏的月魄，月亮裏的黑影是真陽之氣，因為月亮是陰，陰中有陽就是陰之神。

「兩者體雖各居」，這個一陰一陽的精神，陰神反而跑到太陽裏，陽神反而跑到太陰裏。「然離已日光，正是月中玉兔」，他說古代看到月亮裏的黑影認為是玉兔、月桂、嫦娥這些影子。我們上古的科學也很清楚，說月亮裏的影子，受了陽光的反照，裏面實質的東西被遮住了，顯出影子來。離己中的己，是月亮吸收了太陽的光明反映出來，就變成月亮裏玉兔的影子。

「日魂返作陽神矣」，什麼叫日魂？太陽的光照到月亮，月亮又反射出來，我們看到月亮有東西，實際上看到的那個東西是「日魂」，是太陽的靈魂，是光的投影。我們的靈魂就是投影，放射出來我們才看到。實際上月亮裏頭放射出來的那個投影作用，就是陽能，是陽光的作用，這個理論很科學。理論就是方法，我們修道要長生不老，如何長生不老？方法就在這裏，大家研究研究看。所以佛法非常有道理，要你睡的時候心中觀一個太陽。很多人睡覺就睡覺，管你太陽月亮，可是真能夠觀得起來就長生不老，這裏是有個巧妙的。所以我經常說，學佛修道做工夫都是科學，不是迷信亂搞的。

「坎戊月精，正是日中金烏」，坎卦代表月亮，戊己是土，坎戊月亮裏那個實質的是月亮的精華，凝結一起曰之精。太陽叫神，月亮叫精，看道書古書一個字都不能馬虎。太陽那個放光的叫神，神是不死的，沒有實質；月亮裏頭的叫做精，實質的，所以坎戊是月精。太陽裏的黑點在古代文學上稱它為金烏，金在五行也代表至堅至純，所以叫金烏。太陽裏的黑點是什麼東西？那是月亮光明的精神反射過去，「月魄返為陰神矣」，是月亮裏實質的那個東西反映在太陽。這點道家沒有說明，看起來他似乎假定月亮跟太陽像兩個鏡子對著，這兩個光可以互射。

這裏面又是一步步工夫方法，你懂了這個理論，如禪宗所講，一念不生就是道。什麼叫一念不生？一念不生裏面有沒有東西？假使完全沒有東西，那個是頑空也是斷見。所以佛家說，無念是無妄想，解釋有一個淨念在，等於說陽能裏就有這一點陰魄不動。真正的佛學是修持法門，可是佛學的哲學理論太高，變成學術了，反而把修行法門搞丟掉了。道家的理論也很高，因為它是科學性的，一般都去抓住「有」了，忘記了那個「空」，把有抓得牢牢的，使道家產生了五花八門很多的方法，實際上都是一樣的。

偷盜天地精華

剛才講到月亮太陽這個理論也就是方法，自己要想一想，不要另外有方法，所以求長生不老的採陰補陽，並不是男人女人來玩的那一套。真正的採陰補陽是採日月的精華，懂得採自然的精華就可以得道，長生不老。在房子裏也可以，太陽能是房子遮不住的，照樣透過，甚至在地洞裏也沒有關係。道家《陰符經》說什麼叫做道，道者盜也，修道的人就是強盜，搶偷人家的東西。你要成道就要偷天地的精華，人的東西不要偷，要偷天地的。《陰符經》解釋得非常妙，天地是萬物之盜，天地偷盜了萬物也偷盜了人，這個是科學又是哲學。以現在科學來講，萬物都是彼此互相放射，互相吸收的。萬物是人之盜，相反的，人也是萬物之盜，人盜了萬物也盜了天地。換句話說，這個宇宙彼此都在傷害，也彼此都在成長，相生相剋。懂了這個相生相剋的道理，就懂得修道的方法，用不著守這裏守那裏。天地有那麼大的生命財富給你，守在那裏幹什麼？太划不來了。道家重要的關頭都是講理論，要注意，道書那個理論裏面就是方法。讀道書也要悟性高，你才把它參悟得精，所以《參同契》也要參。

「故曰，魂之與魄，互為室宅」，上面理論講完了，這個理論是解釋《參同契》原文，魂跟魄兩個互相為室宅。其實日月天體的現象懂了，我們的性跟命，精神跟生命的作用也是一個原理。他說「後天兩物，雖分性命，其實祖性，全寄于命」，結論是拿太陽月亮比喻我們的生命。生命主要是性跟命兩個東西，等於天體有了宇宙以後，有個太陽有個月亮。這個天體，佛早就說過，像太陽、月亮這樣的系統，在虛空裏不只一個，三千大千世界，無量無邊，數量太多了。等於道家所講，我們這個宇宙也是一個生命，如果拿這個太陽系統來講，我們人只不過是這宇宙生命的寄生蟲而已。這個宇宙很妙的，重重無盡，所以《華嚴經》講「一花一世界，一葉一如來」。我們這個肉體是地球上的寄生蟲，我們肉體內部也有很多的寄生蟲。《金剛經》說度一切眾生皆入涅槃，有個道家解釋為度盡我們身上的眾生。你不要站在佛家立場就罵這是外道，我這個人內呀外呀弄不清楚，看看還是有理由，反正公說公有理，婆說婆有理。

後天的兩物，我們身體上就有太陽月亮。這裏面又分很多，眼睛是太陽，耳朵是月亮；頭腦是太陽，丹田下部是月亮，那多了！所以道家難弄，他兩個眼睛、耳朵又分左是太陽，右是月亮，左屬陽右屬陰。我們的氣血，左邊管氣，右邊管血。男的屬陽，女的屬陰，所以女陰血多，但陽氣不夠；男屬陽氣多氣大，蠻牛一樣，但血不夠。所以當歸補血應該男人吃，高麗參補氣該女性吃，這個中間的差別很大，很細。我們大概介紹了這些，將來你們看道書曉得講些什麼，尤其是不了義的道書，雖不究竟也是道書，你不能說不對，因為他只講了那一點的工夫，後面不知道。像《參同契》這一種道書，的確是非常高的。

所以性命這兩個東西是一體的，就是一元論的，也可以叫做二元一體論的。精神跟物質是一體的兩面，等於手心手背。一體叫什麼？叫做祖性，不只包括我們這個生命，是與山河大地萬物共有的整體，是佛家唯識中的第八阿賴耶識。阿賴耶是梵文，道家叫做祖性，原始的本性。有了這個生命以後，「全寄于命」，本性不要向外找，它就在本身生命之中。

第七十二講

陰陽的變化——情

剛才講到先天祖性，到底在哪裏呢？「全寄于命」，全在我們現有生命中。「蓋一落陰陽，莫非命也」，一旦有了這個有形生命，就落在陰陽中分成兩層了。性也無所謂叫性，就是命，命中有性，只要修這個命功就行了。「且命元更轉為情，蓋陰陽之變合，莫非情也。」這又三個轉折了，一旦變成這個後天生命，性在命中，在這個現有的命中，命在哪裏？我們也找不到，現在用的是情、思想，七情六欲這個情，在佛家來講就是妄念、妄想等等。我們有了後天以後，性在這個命中，命又轉變了，變成情的作用。所以我們的思想不停，妄念不停，甚至於我們身心陰陽反覆的變化，都是情的作用。譬如說精神疲倦，陰境界來了；精神好了醒了，陽境界來了。歡喜的、高興的心境、腦子清楚、無煩無憂是陽境界；有煩惱有憂愁，喜怒哀樂發動了就是陰境界。這些「陰陽變合，莫非情也」，就是我們現在三個轉折，三個變化。

「惟其性寄于命，故離中元精，坎中元炁，總謂之命」，我們先天的本性，同後天有形的生命合一，先天的性也在命中，所以說是性命合一。我們的肉體是個殼子，像是電器中陰陽兩條電線接起來，才能發光起作用。在我們這個生命上，「離中元精，坎中元炁」，「元炁」不是呼吸之氣，所以我常說，你們打坐等於充電，不用做什麼工夫，它自然就在充電，充的是這個「元炁」。至於離中的「元精」，也就是我們一點靈知之性。你到了那一步，元精淨化，氣脈自然會動，自然打開了，不需要你忙來忙去搞氣脈。「離中元精，坎中元炁」這兩個代號我們曉得了，合攏來就是我們現在的生命，「總謂之命」。但是我們把握不住，因為被七情六欲這個思想妄想牽引住了。

「惟其命轉為情，故曰，日中木魂，月中金魄，總謂之情」，這個生命一變以後，後天的用又變了，就只有思想、情緒。本性原來用太陽做代表，那個木魂就是肝臟這一部份，很重要，肝是管血的。「月中金魄」在生理上是什麼呢？金魄是屬於肺的，呼吸的這一部份也很重要，這是有形的有形，都是因為氣血的變動而顯現。後天所有的作用離不開氣血的作用，而氣血作用配合上先天之性，變成後天生命當中的這個思想，總合起來都叫做情。

元神　元炁　元精——性

這裏有個大問題來了，這些都是理論，這個性命之性在哪裏呢？「只有祖竅中，一點元神，方是本來真性」。關於祖竅，道家的討論很多，我們後天生命，本性就在上面。這些情緒儘管鬧，氣血儘管動，但後面有一個老闆，那是我們生命的根本，也就是性。這個性沒有離開過肉體，它住在一個祖竅裏。所以，在我們後天生命不叫它性，道家叫做元神，它有三個名稱：元精、元炁、元神。這點元神才是本來真性，就是先天的明心見性的性，也就是莊子講的那個「與天地同根，萬物一體」。可是在我們身上它在哪裏呢？就在祖竅裏，「方是本來真性」。

我們的生命「元神為君」，元神是老闆是皇帝、總統、主宰。「安一點于竅內，來去總不出門」，它就在我們身體祖竅裏，但是它同天地同宇宙相通的，儘管通電來來去去，可是它沒有離開過我們身體，沒有離開過祖竅。所以他解釋《參同契》原文兩句話：「豈非性主處內，立置鄞鄂乎」，就是這個道理，他解釋得很明白。

現在我們曉得，道家講有一個祖竅，佛家顯教沒有這些玩意，西藏的密教有沒有提到這個呢？有提到，這個名稱叫「生法宮」，在海底，是印度來的，也是印度一切瑜珈術各派同佛家共修的。譬如中國的道家把肚臍下面看得牢牢的，就叫做守下丹田，有沒有理由呢？也有理由。在藏密裏頭，丹田這一部份是臍輪，密宗是不肯講的，認為是不傳之密，不像我這樣說出來。

其實我認為這些都是渣子，真東西還不是這些，所以我不在乎。一般學密的人認為那個是寶貝，千古不傳，密宗還有一個代名辭叫「化輪」，化生歸一。老實講，所謂化輪，我們欲界中的人，都是從下部化生出來，所以精蟲卵臟都在這裏。

脈輪似電纜

這個所謂脈輪就像電纜，我們身體上電纜很多，包括神經系統從臍輪上來，就是密宗說的心輪，心輪又叫法輪，也有好多脈，道家叫這個為「絳宮」，當然是紅色的宮殿，裏頭有神。所以中國外國這一套東西都差不多，各有各的名堂，各有各的長處，各有各的心得。

再上來到喉輪，密宗叫「受用輪」，中國道家在這個地方叫「十二重樓」，這裏的軟骨頭十二節，我們飲食由這裏嚥下去。喉輪這個地方，道家叫「生死玄關」。密宗說這一部份的脈輪如果打開了，就不會有妄念。所以這一部份脈輪沒有打開之前，如說自己沒有妄念那是騙人的，也騙了自己。實際上這裏有兩個管子，一邊是氣管，一邊是食管。那個氣管一個指頭抵住就會死；食管割斷了死不掉的。京戲中拔劍自刎是刎氣管，氣管一斷就完了，食管砍了半個鐘頭也死不掉，縫得起來的。所以這個地方道家認為很重要，這個地方沒有打通，說了了生死是不可能的！

頭頂的頂輪，密宗叫做「大樂輪」，這一部份密宗比較講得清楚，你看名字就懂。所以人要得大樂，是氣脈全打通了，尤其頂輪氣脈打通，人整天都在樂中。凡夫的快感都在下部，欲界眾生的陰陽交媾，男女交往的一點快感，那很粗糙。頂輪脈打通以後，日夜在快樂中。所以佛家講禪定，有離生喜樂、定生喜樂。如果頂輪氣脈沒有打通，是不可能得樂的！我們說這個樂，是有無比的快感，快感到了頭髮尖上去了。如果人到了這個樂境，世界一切的快樂都不在話下，都很低層，看都不要看。

祖竅在哪裏

講了半天，祖竅在哪裏我也不知道。介紹了那麼多都是竅，竅就是有個孔有個洞，這個洞在哪裏？譬如很多道家，你叩了頭拜了門，還六耳不同傳，密宗認為祖竅是眉間輪這個地方。老實講，還不在這裏，不過差不多的部位了。所以中國人有守這裏的，也有守兩個乳房中間的，守肚臍、守海底、守背上兩個腰子命門、守夾脊的，好多派！我這樣講你們都欠我，因為我每一次求法都要花很多錢才得這個口訣，不但花錢又叩了很多頭，至少你們都欠我很多頭。

每一家每一派都認為這個祖竅在眉間這裏，我常常告訴你們守不得，年紀大血壓高不要守上竅；女性不要守下丹田，守了都會出毛病。男女守中丹田沒有關係。道家畫兩個連環圈中間一點，這個是中宮，不是絳宮。大部份守中宮的，出毛病的很少，百分九十都對，中宮保養胃，腸胃好了絕對沒有錯。但是祖竅就在這裏嗎？不是。這個原始的元性祖竅究竟在哪裏？有時候在心，有時候在腦。

所以我常說可以在大學裏，把我們東方文化，包括印度、埃及的，專門成立一個生命研究所，研究如何控制生命。譬如前年有一個美國朋友，天天到我這裏來練身體，一身都是病，又有癌症，西藥吃得很多。我給他吃些中藥，開始還很有效，慢慢吃慣了也沒有效了。我說，你呀要病好，要跟太太分房，完全停止淫欲關係半年，好好吃藥。他說，那我不是變成植物人了嗎！但植物人有情感沒有衝動。

植物人是上了氧氣，沒有腦死，可是人等於死了。主要是腦的記憶、思想活動都沒有了，這個裏頭值得研究了，現在科學還沒有達到這個地方。真的入定不叫做植物人，真得定那一下，人就變成跟天地通，這是頂天立地。所以修定那個境界要氣住脈停，就把前後腦的氣脈充滿了，充滿了怎麼樣？念頭不能動。念頭亂動時氣不能住，因此佛家道家要修到止息，真做到止息，做到了氣住脈停，你命功就有把握了。今天我都講得很白，道理方法都在內了。如果你要我迷惑你，傳個方法守這裏守那裏，亂七八糟到處都可以守，我坦白告訴你，那手指頭也可以守。

所以這個祖竅，可以說祖竅無竅，這是我個人經驗。我當年在西藏修密宗，他們說往生一定要從頭頂上走，我說那太笨，那是修道學佛不到家的人才會這樣說。有本事的從哪裏走都可以往生嘛，真的！十萬八千個毛孔，哪一條路不跟宇宙相通？所以任何一點都是祖竅。這個祖竅不可守，你要打坐守一個祖竅，你就糟了！尤其身體，你把思想注意在那一部份，氣血跟著思想就向那一部份集中，這一部份就自然有特別的感受。這個特別的感受，一般人沒有智慧，都認為這個有效果呀！這個氣脈動了！你注意力天天集中手背，這個手背就會變胖一點，因為你注意力在那裏，氣血就向那裏集中，這不是道。以佛家的話來說，叫做繫心一緣，把自己雜亂的思想，用某一個焦點把它統一起來。但統一以後仍要做工夫，不能老停在統一。當你不守竅時，氣脈自然會通，這個就要參考丘長春的〈青天歌〉了。

丘長春的青天歌

〈青天歌〉講得很清楚，「青天莫起浮雲障，雲起青天遮萬象」，修道最後是這樣，自己把身心放下全空了，反正這個青天一片雲都沒有，一個雜念也沒有。「萬象森羅鎮百邪，光明不顯邪魔旺」，好的天氣，天上一片雲都沒有，森羅萬象都在這個天地籠罩之中，等於一個大的鏡子照一切東西。假使我們這裏一個大鏡子照全堂的人，每人影子都在裏面，鏡子只是反映現象，這樣叫做青天，叫做無念，叫做清淨。萬象森羅就鎮百邪，看不清楚就是邪魔，有陰暗就不行，光明不顯就邪魔旺。「我初開廓天地清，萬戶千門歌太平」，所有氣脈自然都打開了，只要一動念要守竅就不對了。「有時一片黑雲起，九竅百骸俱不寧」，有念就有動，有念有動你還在裏頭運功，把下面海底連大便的氣都向上衝了，又轉來轉去，那頭腦能不昏嗎？所以每個修道出來的頭腦都越來越昏，大小便的濁氣上來，叫做大小便中毒，這個濁氣不能引上去的。「是以長教慧風烈」，所以要修到智慧。下面我都不需要講了，大家自己研究一下就通了。

丘長春是元朝道家北派的祖師爺，《七真傳》裏最小的一個徒弟，後來成為創宗立派的祖師。民國初年的同善社，一直演變到現在所謂的一貫道等各種什麼教，都是丘派門下衍化出來的。丘長春最有名的〈青天歌〉，道書裏面有，同學說找不到，後來一個機緣在台北故宮博物院找到了，還是那位朱同學的功勞。「青天莫起浮雲障」，第一句話就是祖竅所屬的，心中一念都沒有，一片青天一樣。密宗叫你觀中脈藍天，就是這個青天的藍。我很懷疑，到底密宗是道家傳過去的，還是道家是從密宗傳過來的？這個學術的根源很難判斷。

認清主與臣

現在我們回轉來繼續看註解，「精氣為臣，嚴立隄防，前後左右，過絕奸邪」，他說我們一點靈明不動，就一念清淨。祖竅在哪裏？不在內外不在中間，不在任何一個部位，而無所不在，就在這個身體裏。這個時候自然你就清楚祖竅了。真到這樣，依佛家來講是萬緣放下，一念不生時，後天生命中的精氣自己在成長，老也沒有關係，只要這一口氣不斷，仍會成長，比年輕時慢，要耐心去修。老頭子老太婆們，照樣可以把握，就是要靜，要萬緣放下，一念不生。所以這個一點祖竅靈明，一靈不昧，要靜要定。為什麼要打坐？因為靜定久了，精氣就會生長，生生不息。

有些人修到氣脈動了，身體也跟它搖起來，非要動不可，這已經走岔了，所以衝關通竅，氣脈發動時不要理，就是「精氣為臣」的道理。你一念靈明不能做主，反而讓你的脈做了主，君不成君，跟著臣在轉；在禪宗來講，你不能做主，跟著賓在轉，因為這個生命精氣神是賓；依佛家來講，你是跟五陰裏的受陰在轉，一般修道的都跟著感覺跑，不能了解「受即是空，空即是受，受不異空，空不異受」。所以這個時候要注意，儘量讓一點靈明做主，青天莫起浮雲障，身上氣機精氣就發動了。因為「精氣為臣」，要聽你的指揮，你不要跟著它跑。

「嚴立隄防」，精氣一發動，精神旺盛起來，我們世俗的欲念就來了，想跑去玩玩；實在不玩的，像我們吧，這個時候會多看一點書，還是把它消耗掉了。這還是不對，所以要嚴立隄防，像賺錢一樣，越賺越多。「前後左右，遏絕奸邪」，像是一個真命天子在上，前後左右小人奸臣等很多，但什麼意見都不採納，自己很明白，一心做主。

所以《參同契》的原文「豈非情主處外」，情就是精發動，氣脈就是情動，這是外面，不要跟著氣脈跑。「築為城郭乎」，自己心境一念靈明，這個是主宰，不要管那個氣脈。越不管它，氣脈發動越快，通得越快。一般人氣脈發動就跟著感受跑，所以氣脈永遠通不了。我幾十年看得多了，修道家學佛的有些人臨老還是搖。我曾講過，當年在四川自流井，一個八十的老先生，大家都說他有道，可是他坐起來那個頭就搖。後來我問他，老先生你這個修的是什麼工夫啊？他說，我現在等於你們講的走火入魔，還找不到明師，這一關過不了。為什麼會如此？因為他是跟著受陰轉，這一節通不過身體就成這樣。他的思想感覺，把自己綑得太牢，就不能做主了，氣脈反而變成毛病。所以要青天莫起浮雲障，這個氣脈是浮雲一樣，你不要管它，自然就通了。

不動不搖

「隄防既固，主人優游于密室之中」，一念靈明不昧，佛家叫正覺之性。密室並不是身體裏有個祕密之處，因為不是固定的部位，「放之則彌於六合，收之則退藏於密」，所以叫做密室。如果有個密室，一定會找得到，真的密是無所不在，就在你那裏，可是你就是找不到，這就是密室的意思。

「不動不搖」，如果氣脈動了，不要跟著感覺跑，自己做主的一點靈明「不驚不怖」。有時候氣脈發動到心臟，或者到別處，自己覺得好像要死了；像我的經驗，反正遲死早死差不多，不理它就過關了。所以不驚不怖很重要，有時候那些境界來了會嚇死人的。所以修道你們不要玩，我勸你們年輕人不要好奇，這個事情要大勇猛，也要大智慧。所以《參同契》中告訴你

「故曰，城郭完全，人民乃安」，這個城郭自己要打好隄防。這個隄防是什麼？就是做主的心念自性，性功就是命功。

「始而處內之性，已足制情」，氣脈怎麼變化都不管，不動搖。這個時候是本性一念靈明，青天莫起浮雲障，一念動而不動，生而不生，那麼「已足制情」，就制服了這個氣脈。所以情來歸性，真到達了一念不生。「既而營外之情，自來歸性」，慢慢這樣下去，氣脈安定了，回到本性的範圍，這個時候就是大定。禪宗其實也講工夫，有時候是賓作主，氣脈發動的時候，主人在那裏看住不動，看你這個客人怎麼跑，你跑來跑去，終歸不能住在我家裏，所以來者不迎，去者不留。這裏也用到「賓主互參，君臣道合」，臨濟用賓主，曹洞用君臣。

「此為坎離交會，金丹初基」，坎離交會叫做正統丹道，所以情來歸性，真到達了一念不生，才是金丹的初基。「立命正所以養性也」，立命的道理命功的初基，也就是性功。性命是雙修的，命功到了，性功也自然到了。這個身上的氣脈動，轉來轉去衝到這裏那裏，如果你一天到晚注意那些氣脈，當然會生病。所以不管怎麼樣轉動都不要理，那樣不到一個鐘頭你氣脈都通了。氣脈之所以打不通，就是你跟著氣脈跑，結果弄得肝又難過，胃又難過，你怎麼不難過啊！

第七十三講

宇宙間有靜嗎

前面講到性命雙修的方法，現在接下來的原文，講的是境界。「爰斯之時，情合乾坤。乾動而直，炁布精流。坤靜而翕，為道舍廬。剛施而退，柔化以滋。」這裏有幾個名辭，我們以前也講過「性」是人的本性。「情」就是指一切妄念，及生理方面的影響。中國的道書把性情用先天的「乾坤」代表，後天就叫「坎離」了。「乾動而直」，乾卦是代表宇宙生命的本體，代表天。《易經》有一句話，大家都很熟的：「天行健，君子以自強不息」。「天行健」就是乾卦所代表這個宇宙本體，它永遠在動在行。

「健」就是永遠沒有休息。

我們講到「乾」，特別提出來，過去曾有很多學者，包括胡適之他們，認為中國文化的宇宙觀是靜態的，所以一般學者都學養靜，講究靜的哲學，結果就害了這個民族，永遠沒有進步。這種主張的前提大有問題，因為中國文化哲學思想並不認為宇宙是靜態的，從《易經》開始就說宇宙是動態的，恆動。假使宇宙有個靜的話，乾坤息，天地就停了，所以說是天行健。這個宇宙天體永遠在動，不斷的動，沒有一個真正的靜態。換句話說，大動反而覺得是靜，不覺得它在動；我們坐飛機坐車子走得太快了，只看到外相在動，自己覺得很平穩，是這樣的一個靜態。也就是老子所講「大音希聲」，聲音太大了，也聽不見了，乾卦的動是如此，我們這個身體生命也是這樣。那麼你說打坐入定的時候，氣住脈停是有個靜相，是不是氣真住了，脈真停呢？不是，只是動得非常緩慢，還是在動，動的情況不同了。現在解釋這個乾卦的本身是永恆的動，而且是直的動，走的是直線。

認清情來歸性

修道到了純陽之體就是純「乾」了，所以呂純陽的名字就是取這個意思。到純陽時元氣充滿了，「炁布精流」，沒有一點不充滿。乾卦的相對作用就是坤卦，乾卦的動是向外面發展，坤卦的靜是收縮進來，一呼一吸。「坤靜而翕」，坤卦到了靜態，六根大定，好像六門都關閉了，它是收縮的，身體到了所謂情來歸性了。這個時候我們這個肉體是，「為道舍廬」，舍廬是這個房子，道的根根，也可以講是個鍋爐。修道是把性命兩樣東西，重新進入到爐鼎裏頭，再造乾坤，等於經過一個化學的整理後，又產生一個新的生命。這個境界「剛施而退」，陽剛之氣，堅硬的都化掉了，「柔化以滋」，統統變柔軟了。

這裏要說明一個道理，這是講工夫境界了。常常有人問，打坐修道修得蠻好，反而容易感冒，對氣候非常敏感，身體好像越來越弱了。你要注意老子的話「弱者道之用」，是有這種現象，反而變弱了，變柔軟就是道之用，是進步的現象的一個過程，不會永遠弱下去。「反者道之動」，有時候同靜相反，這個原理需要瞭解。

這一段原文，完全講情來歸性，講性命的根本那個境界。「此節，言後天返為先天也」，就是後天的性情歸到先天一體，先天兩個代號就是乾坤。「後天坎離，即是先天乾坤」，後天代號叫坎離，坎屬於水，離屬於火。「只因乾坤一破，性轉為情」，我們本來在娘胎靠臍帶呼吸，臍帶一剪斷以後，乾坤破了性轉為情，呼吸也靠鼻子了。所以算命要確定時間，就是臍帶一斷，哇一聲一哭，這是最準確的時辰。普通說算命的算不準，難得有準的，因為時辰已經不大準了。就這一下「性轉為情」，先天之性轉成後天生命的妄想。

「從此情上用事」，於是這個思想這個情做主了，學佛的說第六意識作主。所以「隨聲逐色，不能還元」，六根都受外界影響，不能返本還元。修道是要使它回去還元。後天生命坎離所代表的，是神與氣，水與火，你說神氣同水火什麼關係呢？所謂水，因為氣充滿了以後，玉液還丹，金液還丹，那個所謂甘露滋潤就是水的氣化來的。所謂神，普通是兩個眼睛的神光，這還是第三重，真正的神是心光，是心地智慧的光明。但神氣兩者，如何凝結攏來成丹呢？他說，就是我們修道工夫到了情歸於性。「至于兩物會合，城郭完而鄞鄂立」，這個時候等於我們身體坐在這裏像一個城牆，城門都關閉了，內不出去外不進來，像達摩祖師講工夫的話，「外息諸緣，內心無喘，心如牆壁，可以入道」。那就是「城郭完而鄞鄂立」，外界一切進不來，色聲香味都進不來，內心呼吸充滿了，不需要呼吸。心如牆壁，就像城牆一樣搭好，外面打不進來，內面也不出去。可以入道，這還不是道，只是基礎而已。

這個道基建立了，所以道家說百日築基，修道人常在這個境界中，現在他明講這個時候「則情來歸性」，那當然沒有妄念。學佛的人拚命想斷妄念，你斷不了，因為用心斷妄念，那個用心本身就是妄念，所以斷不了。「情來歸性」是妄念自然不起，不是壓制下去的，它的現象是氣住脈停，就是達摩祖師所講的四句。在道家講，這個境界是七情六欲自然不動。但是這沒有到家，只是初步，這時「離中之陰，復還于坤，坎中之陽，復還于乾矣。」這個離卦，離中虛，外面的兩爻代表陽，中間有真陰之氣，等於太陽中間有黑點。離中的陰，這個時候思想自然寧靜，清淨沒有妄念。沒有妄念的那個境界是坤卦的純陰，純陰不是壞，好得很，純陰就寧靜了。

所以離中之陰，也就是陽中的陰歸到一個大陰沉的境界，就返歸於坤。坎卦是從坤卦這個地來的，在身體上，一般人講氣脈由海底起，丹田以下都是坤。坎中滿，中間一陽爻坎中的陽氣，就是身體內部由下面上升的一股陽能之氣，陰中的真陽返歸於乾，升到頂。升到頂之後，前腦後腦一切腦細胞都歸位了，非常寧靜，腦子裏頭沒有雜亂的思想。修密宗，真正的密宗（真正這兩個字，是否認其他的），修到中脈通了，頂天立地，與天地合一了。所以坎中的陽氣「復還于乾」，歸到乾陽。在顯教的佛學，就是修到四加行「頂」的境界。暫且不管教理上理論的解釋，這個可是實際的工夫，這有形有相。如果我們拿道家的東西來解釋佛家工夫的話，「煖」就是「離中之陰，復還于坤」；「頂」就是「坎中之陽，復還于乾」。不管你怎麼反對，說這是道家那是佛家，天地真理只有一個，隨便你是哪一教哪個工夫，真證到時是一樣的，不是兩樣。人總是一個人嘛，人總是有鼻子眼睛。

專一就是靜

原文這一節開始的兩句話，到這裏解說完了，所以「故曰，爰斯之時，情合乾坤。乾性至健，靜則專而動則直」，拿《易經》來講，乾卦代表純陽之體，永遠在動，是生命的動力。所以天行健，乾是至健，是不死的。當乾卦靜態的時候，實際上沒有真靜，因為它動得快，看它好像不動。什麼是靜呢？當我們身心專一的時候，才感覺到靜態，其實那是不是靜態不知道。所以「靜則專」，換句話說，專到極點才做到靜。入定也是那樣，所以繫心一緣就能入定，心散亂不是定。你打起坐來，覺得氣走到那裏，哎唷，通了！那你根本在亂！所以莊子叫這個為「坐馳」，坐在那裏開運動會。真正的靜，莊子還有一個名稱叫「坐忘」，忘記了自己在坐，那就是靜，是專。能夠做到靜且專的話，乾卦陽能發動得就快。

我們做工夫的真到了這個境界是什麼狀況呢？「一點元神，為精氣之主宰，至剛至直，而不可禦」，這個時候氣脈真正貫通，密宗叫打通了中脈，道家叫冲脈。有人著書，拚命罵道家這個冲脈不是密宗的中脈，好像中國的總比外國差一點，尤其比西藏的差一點，非常可笑。這個冲脈所謂冲，它不只是在身上冲，而是一片天人合一的境界。這個脈打開，一點元神寧靜到極點，定到極點那個力量，會使得全身的氣脈統統充滿。你的手腳指節，連每一根頭髮，都有力量；這個力量不是打死人那種，而是一種充滿。到了完全專一時，一點元神就做了精氣的主宰，「至剛至直」。剛是陽能之性，所以充滿而且是直。

常有人問，打坐時勾腰駝背可不可以？當然不可以！但是年紀大身體不好，就只好自然些，不要一定挺起來，那樣非受傷不可。等到那個陽氣發動，你要彎也彎不下去，這個精氣神，就是孟子那句話「浩然之氣，充塞於天地之間」。孟子那兩句話，如果不拿工夫來講，是難以解釋的。所以它是

「至剛至直，而不可禦」，要蓋也蓋不住，要停也停不了。

乾動坤順的變化

「故曰，乾動而直，炁布精流，此言元神之立為鄞鄂，即所謂乾元資始者也。」「炁布」就是分佈，達到每一個細胞；「精流」不是流出，是自己曉得內心一切變動都是幻。「乾元資始」四個字是《易經》乾卦的彖辭，是孔子的話。「乾元」代表宇宙萬有的根本；「資始」是說宇宙萬有的生命，都是由乾卦原始功能分化出來的。宗教上把乾卦叫做上帝叫做神叫主宰。修道到了這一步工夫，「立為鄞鄂」就是心如牆壁，可以入道，「即所謂乾元資始」，這是說修道的基礎才建立才開始而已。所以不要認為這是到家了，不過真正到達這一步的人，現在不曉得有沒有，我是沒有，你們諸位各路神仙有沒有到，我不知道。

再談下一步，現在還在第一步工夫。「坤性至順，動則闢，而靜則翁」，修密宗道家的人，認為氣脈打通不得了，你要問他氣脈真打通以後怎麼樣呢？他就瞪目不知所云。氣脈打通了沒有什麼了不起，問題是氣脈打通之後下一步怎麼辦？應該怎麼辦不知道。氣脈打通不過是「乾元資始」而已，到這裏正好開始修。

現在講到空的境界，講到我們身體上來了。「坤性至順」，你研究《易經》很有意思，乾代表天也代表原始，代表丈夫；坤卦代表老二，代表婦女。這個坤卦，「利牝馬之貞」，我們讀《易經》，每個字都要留意，因為上古的每一個字包括很多的觀念。牝馬是母馬，那公馬就沒希望了嗎？所以卜卦卜到坤卦的時候，如果女的卜，哎呀好啊！如果媽媽卜更好，因為是母馬好嘛，公馬就不行了。牝馬幹什麼呢？母馬是跟著公馬走的，所有的動物，不管牛群羊群馬群到了晚上休息的時候，自然的，母的都到裏頭去，公的都在外面巡邏，要保護母的。所以諸位回去要多愛太太，不愛太太是不合理的。那個領頭的公馬一走的話，母馬就跟著。這個《易經》每一個比喻，你要把它性質研究透了，那你差不多對它的象有所瞭解了。現在講到坤就是這個現象，「動則闢」，母馬性也非常剛烈的。一個女性，你看她弱不禁風，如果沒有丈夫男人在旁邊，你要搶她的孩子，她那個兇勁比老母雞還要兇！什麼都不管，天地萬物唯母最強，就是母愛，她要保護小的生命。

所以這個坤卦的性情性能是「動則闢」，不動則已，一動強烈得很，嘩！門打開了。「靜則翕」，一靜就像花一樣收起來結果。翕就是吸進來，闢就是呼出去。這個代表什麼呢？我們真正一念不生全體現，氣脈完全打通的時候，乾中的「真炁流布」，當然神光煥發，身體上坤卦收攏來，氣向內走了。講句老實話，只要你做到了就是神仙，做不到就神顛了。所以修道要小心，搞不好就神經了，神通跟神經兩個是鄰居。

玉液還丹後怎麼辦

乾卦在上坤卦在下，「乾中真炁流布」，一路下來，玉液還丹，在佛家來說就是真正的祕密灌頂。那不得了，玉液還丹了，甘露是真炁，流布全身，那是真的。「坤乃順而承之」，裏頭自然吸了。「一點元神，絪緼化醞」，到頂以後又下來，這個時候入定了，酒醉了一樣，老母雞抱小雞一樣，動都懶得動，溫暖得很。假使外面大雪下到你身上，都堆不起來，因為三昧真氣來了；但是棉被把你包起來，也不覺得熱。

「絪緼」好像做爛鍋飯，飯快要煮熟了，氣燜在裏頭，那個現象就叫絪緼。「化醞」，身體內部百脈都在變化，上次發的丘長春〈青天歌〉上有，「驚起東方玉童子，倒騎白鹿如星馳」，就是這個境界。不過絪緼境界他這裏沒有講清楚，這個時候下來這一點元神不是有相的，他是形容。如果你說打坐到了這個境界，一點亮光又黃又亮在肚臍中間，你又錯了，學佛的叫做著相，修道這樣也不對。你說沒有這個現象嗎！他確有這個現象，所以難在這個地方，這就要智慧了。

「醞養在中黃土釜」，就在中宮這裏，中黃土釜裏，這個神氣是兩個連環圈，道家是用個葫蘆表示。葫蘆兩層，中間縮進去，下面一圈，上面一圈；密宗用寶盒，蓮台也是雙層，這個身體也是雙層，就像葫蘆一樣。所以

「中黃土釜」，脾胃屬於土，「釜」就是飯鍋、爐鼎。有些道書也叫做中黃神室，這個時候中黃神室充滿，但是不是肚子大啊！有些人打坐或打拳，肚子變得大大的，打坐又彎腰，以為是工夫，我叫這個是蝦米包西瓜。有些畫上的神仙是那樣，因為畫家是外行。所以到了中黃神室充滿，腰圍一定細了，不管你怎麼胖，這是必然的。

「故曰」所以說，「坤靜而翕」，就收吸進來，「為道舍廬」，外面六根不動一念不生，情來歸性，身體內部氣脈打通了。到了這一步是明心見性境界，氣脈一定通，氣脈不通不會明心見性。這個時候青天莫起浮雲障，所以自然有這藍天之相，境界裏頭自己看到萬里無雲，不用抬起眼睛看，就是閉著眼睛也是一樣。但是你不要認為得了道，還早得很，這還只是基礎呢。

你看他們兩位外國同學，昨天還在美國，現在坐在這裏覺得沒有動過。昨天在美國現在在這裏，他眼睛閉著打坐，無所謂美國無所謂中國，世上虛空本來平等不動嘛。你心不動念，相似於十方虛空平等，這物理世界虛空沒有動過，這是一層道理。第二，佛說的八風：「利衰毀譽，稱譏苦樂」，統統掃空了以後，虛空沒有動過，物理世界不動，因為物理世界本空。心理的覺性平等也本空，你那個知覺之性，並不是物質的虛空。一般學佛學道的人搞錯了，看眼前的虛空，認為這樣愣住已經空了。你看的是物質世界的虛空，這個虛空裏面還有東西，你自性的虛空同這個現象一樣，也是空的，但這是兩樣空，不是一樣。所以不要把有相的虛空當成自性空，佛交代得清清楚楚，我們也一定要搞清楚。但是自性空也好，物質空也好，本來就是平等不動。

第七十四講

元神之根——坤元資生

剛才講到「此言元神之本來胞胎，即所謂坤元資生者也。」他說這裏所講的就是我們後天生命這個元神。元神的根本，比喻像嬰兒在胞胎一樣，嬰兒入胎的時候「即所謂坤元資生者也」。「元」是宇宙萬有根源，「資生」是幫助你生長。我們這個《易經》，是老祖宗幾千年來的學問，高明得很。現在講坤元就是胞胎，這也是科學的，雖然沒有那麼詳細，然而很對。他說，「元神之本來胞胎，即所謂坤元」，就變成我們這個肉體生命。這個「坤元資生者也」是這個「坤」的作用，陰的作用。純陽不生，純陰不長，一定要陰陽兩樣合攏來。

我們這個身體要返本還元，還得從這個上面鍛煉。這個時候坤元靜極了，佛家叫做氣住脈停，醞養化生另一重生命。不能叫第二重，已經好多重了。「乾父剛而主施，不過施得一點真氣」，乾卦陽氣是屬於父親，「剛而主施」，就是放射出來。其實施個什麼？不過施出一點真氣，不是精蟲，精蟲只是個現象。而真氣是推動精蟲的後面那個生命力量，這個東西道家叫做真氣。我們用現代話來講，沒有別的名辭只好叫它生命能。

「坤母柔而主化」，坤卦屬於母體，母體是柔的，主變化不已。「須在中宮」，所以在這個中間而「時時滋育，方得成胎」，時時在培養養份，必須要借住母胎。待胞衣一破嬰兒生下來，臍帶剪斷，胞衣就不要了，胞衣歸胞衣，身體歸身體了。所以一層一層化生，懂得這個化生也就懂得修道的程序了。

所以他說《參同契》的原文「故曰，剛施而退，柔化以滋」，那個陽剛到了最高的頂要退。所以有時候觀想頭頂以外那個最高處，光明放射以後，不能儘住在那個境界。「柔化以滋」，到陰境界來了，什麼也沒有，光也不光了，身心柔軟，極陰的境界來了，不過中間一點靈明。這個時候滋養，口水津液都下來。「此言坎離會合」，這叫做坎離會合，就是這麼一個修道過程境界。

這不是你打坐光在那裏夢想能做得到的，你真要做工夫才行，老實講，需要功德的培養，要修一切善，這個很要緊。功德是真的，絕不是騙人，我們大家讀道書，所謂仙佛之道叫你修功德行善，這一部份都是馬馬虎虎看過去了。就算是工夫做到的話，功德不夠善行不夠，莫名其妙的就會把你破壞掉，破壞的境界多得很。如果你積極修滿一切功德，不一定打坐也會到達，非常奇妙，絕對絕對不是騙人的。世上好多人學佛學道，這裏求工夫那裏求口訣，這裏修一個法，那裏修個法，以為悟了得道了。如果功德不圓滿，就算你那個道堆到蛋糕那麼高，馬上也就化掉，沒有用。這個是絕對的定律，在這裏我順便講到。

你做到坎離會合，「產出先天」的「元神」就是另外化身，禪宗來講是恢復自己本來面目。產生先天的元神叫做「金丹妙用」，所以成丹不是說在肚子裏頭採丹，或者紅的、方的、長的，如果真有這麼一個東西就要開刀了。你說沒有這個東西嗎？有的，假使沒有，或者你沒有修成功，身體最終就會壞，人就必然會死，就是這個道理。

什麼是九還七返

下面《參同契》的原文又加一段理論了。這一段我本來想把它跳過去，後來想想，還是講一下，怕你們將來看道書，碰到這些術語名辭搞不清楚。譬如說原文講「九還七返」，有些外面傳道家氣功的，要把肛門提起來一轉，要九轉還丹，那是要命的事！什麼叫「九還七返」？什麼叫「八歸六居」？什麼叫「男白女赤」？還有「金火相拘，則水定火，五行之初」，這些你看丹經道書，隨時碰到。尤其是現在的人喜歡著書，大多數的理解連一點影子都沒有，為了出版銷書，為了自己出名，都不管因果。現在我們看一下朱雲陽祖師的註解。

「此節，言四象五行，混而為一炁也」，太極生兩儀，就是陰陽，兩儀生四象：太陰、少陰，太陽、少陽。四象生八卦，八卦的每一個卦又有八個卦，一共八八六十四卦。這是我們中國傳統和《易經》對照下來所說的理論，講宇宙生生不已的法則，永遠在演變下去。五行：金木水火土，金是肺，木是肝，水是腎，土是脾胃，火是心臟，這是內在的五行。我們修道真正的元氣歸元了，學佛的講是氣住脈停，這個時候是四象五行混為一炁，這個是「炁」，不是氣，不是呼吸的氣。

上面講到情來歸性，坎離交媾，這個就是靜定下來，氣脈打通了。「坎離既復為乾坤，則後天之四象五行，無不返本還原矣」，水火回到乾坤，差不多要接近先天了，後天的四象五行復返，「返本還原」各歸本位。真正寧靜到極點，你人坐在這裏各歸本位了，肺是肺，心是心，肝是肝，鼻子就是鼻子，眼睛就是眼睛，耳朵是耳朵，寂然不動歸本位去了。

「何以言之」，什麼理由？「天一生水，地六成之，北方之精也」，這是屬於數理了。「天一」是說宇宙萬有的開始，太空中不曉得什麼原因，有個旋轉的力量，旋轉形成一個氣團。這個氣也不是我們現在看到的雲，只是一股力量在轉動。慢慢這個氣團先形成了液體，再不曉得經過多少萬億年，這個液體攪動，漸漸凝結成塊的就成高山，沒有凍結的就是海洋，平面的就是陸地，很久很久再慢慢出來人類。天一生水就是數理哲學，宇宙萬有，一切萬有只有一個數就是「一」，沒有二，二是兩個「一」。「地六承之」，有形的就六合了，東南西北上下，六樣合攏來，所以地六成之。有六有一，因此成七，所謂「九還七返」是這個意思，不是在身上轉了七圈。「北方之精也」，天一生水，水屬於北方。

「地二生火，天七成之，南方之神也」，兩個一叫做二，地二生了火，就是地心有熱能。剛才講地六是東南西北上下。天怎麼是天七？五行加陰陽就是七。天一生水，這是生命的功能，現在有形的變成七。地二生火，又倒轉來了，天七成之，七加二得九，所以九還七返。九者是陽數之極點，單數是陽數。這個完全是用《易經》的數理說明。南方之神，所以思想都在身體南方（上方）的腦部。道家所謂「還精補腦」，天一生水能夠補腦，長生不老，這是真的。人老了，精液也沒有了，是腦下垂體荷爾蒙乾枯，所以精神不夠，思想也遲鈍，動作不靈敏。能還精補腦，這個腦下垂體不再乾枯了，就永遠健旺。

「**天三生木**」後天第三層屬木，木屬肝，東方，「**地八成之**」地下有八方，「**東方之魂也**」。在身體裏肝臟在右邊，這個西醫跟中醫過去爭得很厲害，認為中醫不科學。其實中醫所講的左右，不是以肉體為標準的左右。他這個是假定的方位，而且他是講肝氣，並不是講肝臟的位置，是說肝氣的根根發動在左邊。等於我們現在所講的精氣，腎臟明明在下面，他說是上面來的，天上降下來的，南講北，北講南，顛倒。實際上古書沒有錯，人體以背脊骨為中心，這個神經是左右交叉的，中醫是治根，病在左者其治在右，病在右者其治在左，病在上者其治在下，病在下者其治在上，病象就去掉了。所以要融會貫通，大家不要有成見，要為人類的健康長壽而努力。

「**地四生金**」，地在西方生出金來，金是肺。「**天九成之**」，天九到了極點了，陽數到了極點就是九，九以外沒有陽了。「西方之魄也」，魄屬於西方，所以西方叫金精。「水火木金為四象，並中央戊己土為五行」，這些代名辭先搞清楚。「究竟所謂四象五行，只是坎離兩物」，歸納起來，修道就是神跟氣兩樣事，也就是坎離。

「坎卦從坤而出，北方之水屬陰，本數得六，加以天一之陽，便合成七數。離卦從乾而出，南方之火屬陽，本數得七，加以地二之陰，便合成九數」，所以叫「九還七返」，火歸本位這一句話，假使你《易經》沒有搞通，看丹經道書，以為又要轉九圈打七下。所以有些著相的修道人，呼吸要吸幾口，一定要向東方。我說北方不可以嗎？北方還有不空如來呢！不要著相，這都是執着。

「今者北方之坎，返而歸乾，南方之離，還而歸坤，豈非九還七返之象乎。」你工夫到了這一步，各歸本位，寂然不動，所以「北方之一，歸於南方之七，共得八數。南方之二，歸於北方之六，亦得八數」，這個我們不多介紹了。「而獨云居者，蓋北方之一，既歸于南，止存水之成數，居其所而不還，恰好六數矣」，都是在數字上做遊戲。這個「豈非八歸六居之象乎，又須知四象原是兩物」，兩樣東西，卦名叫坎離。「既然九還七返，自然八歸六居矣。故悟真篇單言還返」，到了宋朝以後張紫陽真人著《悟真篇》，乾脆把這個七七八八九九六六都拿掉，「單言還返」。他說這樣一來，倒是把它赤裸裸剝得很清楚，「益見造化之妙」，可見這個天地造化的奧妙。

千變萬化皆水火

「二與七併，配成西方之金，色轉為白」，「二與七併」是五臟六腑都歸位了，所以你坐起來，開眼閉眼「色轉為白」，一片光明，不僅是頭頂光明而已，自己整個身心內外成了琉璃光體。所以有一個琉璃光世界，東方藥師琉璃光如來就叫做延壽佛，那你當然長生不老，當然延壽了。

「一與六併，配成南方之火，色轉為赤。白屬金，赤屬火，取西方之金，煉以南方之火」，這還是靠這個氣鍛煉，火代表熱，火也是意，所以道家有兩句話「開口神氣散，意動火工寒」，意就是雜念，一念不生就是溫火烹煎。意念一動，火工就沒有了，一開口神氣也散了，丹就煉不成了。

「故曰，男白女赤，金火相拘。天一之水，從乾宮而出，原是太陽真火」，從上面來到下面，原來是太陽真火。「地二之火，從坤宮而出，原是太陰真水」，所以修密宗拙火要修到下面發動，從坤宮來。所謂灌頂，金液還丹，玉液還丹，頂輪脈打通就能夠降下來。「直到一返一還」，上面甘露下降，下面真陽元氣發動了，也就是三昧真火發動了，最後「方得以水歸水，以火歸火，復其原初本體」。這個時候可以不飲不食了，不吃東西沒有關係，裏頭所謂自有源頭活水來，不喝水也沒有關係，中宮的元氣永遠充滿。這個就是原初本體，也就是情來歸性，真正定的境界。所以「故曰，則水定火，五行之初」。「前云金火又何以云水火。」到這裏何以叫做「水火」呢？就是因為「蓋後天造化之妙，只是一坎一離，而千變萬化，各異其名，以言乎坎離本位，則曰水火。」注意啊！道書講來講去許多名辭，只是兩樣東西，性與情、神跟炁、心跟身，以及坎離，乾坤，還有什麼水火金木一大堆。你們沒有學過《易經》，所以就搞不清楚了。

「以言乎兩弦之炁，則曰金水」，以每月陰曆的上半月下半月做代表。「以言乎甲庚之用，則曰金木。以言伏煉之功，則曰金火，顛倒取用不可窮詰。」道家書上代名辭太多了，說到金木叫做庚甲之用，道家有一派專修甲子、庚申，有一派還很怪，六十天當中，碰到甲子或者庚申，說是天人下降，村莊的人都不敢施肥，因為肥料是廁所中來的。這兩個天干是最重要的，其中有個妙用，我們現在沒有時間講了，講到陰陽五行那個學問再說。

「究只是水火二物」，究竟只是一個水一個火。火是打坐熱能發動，密宗講拙火，就是三昧真火動起來，在顯教就是四加行得煖。水呢，就是灌頂甘露來了，佛經上就叫做醍醐灌頂。「後天水火，雖分二物」，這個叫後天的水火，雖然分成兩樣東西，「究只是先天一炁。坎離既已復為乾坤，即此便是九還七返，八歸六居，而化作先天一炁矣。」到了這個時候，返本還元了，總而言之講了半天，就是一念不生，歸到清淨，身心氣脈起了變化。這一步到了以後，下面再作討論，再說怎麼樣修。

這一部《參同契》裏，所有的方法，前前後後都透露完了，大家不要去另外找老師，這部書就是老師了，研究一萬遍十萬遍，你就通了。有許多祕訣，他有時只講一句，下面不說了，又在別個地方再講一句。你把它一對起來，全部口訣都懂了，再用心去研究。

第七十五講

大丹的基礎

接下去是《參同契》的原文「上善若水，清而無瑕。道之形象，真一難圖。變而分布，各自獨居。」這裏是引用老子的話「上善若水」，這句話包含體用兩方面；包含作人的行為，也同時包含修道。所以說，經典的著作，一句簡單的話包含多方面。現在他引用的是道家做工夫這一面來說的，上善若水是絕點純清，沒一點瑕疵的。這就是道體的反映，不能說這就是道體，是我們後天生命中的這個道。原來的本體，談不到若水不若水，修道第一步工夫是做到「上善若水，清而無瑕」。道的形象就是「真一難圖」，難圖是很難把這個表達清楚。我們引用禪宗的一句話「萬法歸一，一歸何處」；道家不談一歸何處，而是說至真，也就是至一。那麼這個道，所謂真一，就牽涉到天一生水，又有《易經》的數理在其中了。「變而分布」，一切都是由這個一變出來的。「各自獨居」，然後就分布開了。這個原文大致如此，不用我們的意見來解釋，還是採用朱雲陽祖師的意見。

「**此節，言先天一炁，為大丹之基也**」，我們一般人修道都想要修到有個東西來，可是道體本來沒有東西，佛家叫它空，道家叫它清虛，是指道之體，宇宙萬有都屬於這個體的變化。這個觀念同佛家一樣，在佛家說來，一個人成佛要證得三身，法身、報身、化身。法身是體，不生不滅，不垢不淨；報身就是萬象，宇宙萬象各有一個報身，體是一個，變成了萬有以後各有一個報身，也就是色身；化身是法身變化出來的，有千百萬億化身的不同，成佛叫做應化身等等，很多的名稱，就是有一個實質的身體。道家改變了三身的名稱，成為「一炁化三清」，都是這個炁的作用，變化出來就化三清。三清就是太清、上清、玉清，這同法報化三身同一個道理。譬如說基督教，一切宗教，最後的哲學都有點相同，所謂上帝天父、自己、聖靈是三位一體，也是這個道理來的。

至於我們後天這個生命，來來往往的是報身，要如何修道呢？必須要得到「先天一炁」。先天一炁是由道體上來，沒有什麼辦法形容，所以叫它一炁。无火之謂炁，下面四點是火；沒有米字這個「气」，等於說虛空裏頭空氣，大氣層這個气。「先天一炁」不是空氣的氣，不像風不像气流，勉強來講，只能說它是個能，生命的能就是「先天一炁」。「先天一炁」到了才能夠結丹，大丹。

虛無不是虛空

練氣功的人，把呼吸之氣在身中練來練去。還有些修道的人，把呼吸之氣配合上「意」，轉到身上有了感覺跳動，認為氣發動了，那個並不是氣發動了，同先天之炁差遠了。結丹成道不是這個東西，而是要先天一炁才行。

別的道書上說得很明白，「先天一炁從虛無中來」，結果有人練氣功拚命對著太陽，把虛無解釋成虛空，從虛空觀想一個氣進來，一個光進來。密宗這類很多，道家也在搞這一套。那麼從虛空中觀想一個氣進來與身心合一，是不是先天一炁呢？雖然不是，但是比練身體上的感覺好一點點。

我們再清楚地講，不論佛家、道家乃至世界上各種修煉法門，都不出煉氣的範圍。譬如說密宗的人唸咒子出聲唸，或者唸佛的人也出聲唸，可以唸到一心不亂，也成功。但是老實講，這些方法都是在煉氣，只是比煉後天呼吸之氣好一點，是專一的氣，還沒有到先天一炁。譬如說有些人守竅觀想，這是煉神；譬如說修戒、定、慧，規規矩矩修止觀，乃至修白骨觀，修各種觀，各種道家的工夫都是煉精。這些方法對不對呢？都不對，但是也都對，鍛鍊身體祛病延年是有些效果。其實連運動都有效果，打拳也好、跑步也好，都是在煉氣，這都是有形的。但是結丹不是這個，不過同這些煉精、煉氣、煉神的煉法，都有密切的關連。偏向於任何一點都不對，能夠融會貫通起來都對。

先天一炁從虛無中來，並不是從虛空中來，要注意啊！你心念越空得掉，身體的感覺、知覺越清淨越放得下，慢慢這個先天一炁自然發動。所以先天一炁從虛無中來，你要修通氣脈轉變色身，並不是做什麼稀奇古怪工夫。所以先天一炁到了，「為大丹之基也」，就可以結丹了，這是了命的第一步。

來自虛無的先天一炁

「蓋道本虛無，始生一炁，只此一炁，鴻濛未分，便是先天真一之水，非後天有形之水也。」這裏解釋修道這個道，道體本來是虛無，佛家講空，本來空的，由真空而生出妙有。本來是寂然不動，就是《易經》上所講「寂然不動，感而遂通」，一感就動，這個先天一炁動了「始生一炁」。這個一炁的境象來的時候，有個專門名稱叫「鴻濛」，天地鴻濛。鴻濛兩個字很難解釋，跟混沌差不多，像春天二、三月間那個細雨時候的境界。從前有人出個對聯「細雨濕衣看不見」，這個下聯很難對，結果有個青年人一下子就把它對起來了，「閒花落地聽無聲」。一朵花開久了掉下地來，聽不到聲音，把中國方塊字變成一個藝術的畫面。現在講鴻濛，等於說暮春三月，草長鶯飛，天氣溫暖，人的身體都懶洋洋的，腦筋都不大動只想睡覺——春困。換句話說，濕度非常高，鴻濛境界人就倦，是疲倦那個倦。疲是疲，倦是倦，不同的，現在年輕人不管這些了。

所以先天一炁要搞清楚，先天一炁從哪裏來？從虛無中來，越空越有。在佛學講「真空妙有，妙有真空」，也叫做「性空緣起，緣起性空」。先天這兩個字要注意，什麼叫先天？孔子解釋《易經》乾卦，我們上一次提到過的，「先天而天弗違，後天而奉天時」，這個天地是沒有辦法違背的，那個本體的力量叫先天。我們現在的生命及一切的萬有，都算後天。先天沒有一切，本來無一物；後天呢？「奉天時」，要順應自然，本體功能的規範不能違背。太陽一定從東邊上西邊下，每天一定是上午、中午、下午各有不同。

先天一炁從虛無中來，你越空得了，身心感覺越放得開，越接近於先天，這個時候就有真的炁來。這個不能叫它一炁，《老子》裏頭很少用這個字，而是說「有物混成，先天地生」，這個東西不是自然科學物質的東西，它有股力量，無形無相，在佛學叫做業力。業力不一定是壞的，成佛成仙是善業修成功的力量，一切凡夫眾生是因為惡業力量，所以在六道輪迴受報應。學佛修道也在造業，造的是善業，絕對的善業才能成功。

當這股力量來了，真空中生出妙有，但是就算你先天一炁來了，一般人沒有佛家所謂戒定慧的修持，也是徒然。普通人先天一炁從昏沉中來，你睡夠了醒來的時候，將醒未醒之間，它來了你不覺得。一來了以後，凡夫第一步欲念就來了，就入了欲界，把先天一炁糟蹋了。再其次的，你在將醒未醒之間，或者生重病，病快要好時是先天一炁來，這個東西來了，就是生命的功能，你的病一定好。可是你不知道，自己體會不出來，認識它很難，因此修道的人，萬修萬人都不成功。先天一炁隨時會來，換句話說也就是活子時，冬至一陽生就是這個東西，也可以叫陽生。現在進一步講，陽生有個現象，這個時候你自然有一種春意，生命的春意，就是先天一炁。什麼叫春意？就是春天萬物都在發生，有一種生發的力量。當這個先天一炁來了，學佛也好，修道也好，都要把握住這個境界。

混沌　昏沉　鴻濛

他說這個先天一炁是「鴻濛未分」，陰陽都沒有分開，而這個境界一定是有一點混沌的狀態。對了，趁這個時候答覆本院一個出家同學，你在日記上提到，一個人得定，住在那個混沌的狀態，同昏沉的差別在哪裏？你問得好極了，一般人打坐，就是兩個境界，一個昏沉一個散亂。昏沉分兩種，大昏沉像睡眠一樣，有些人打坐沒有坐好，身體彎起來，肚子大大的，好像一隻龍蝦裏頭裝了一個西瓜一樣，身體變成這樣就不對了。真坐得好身體一定是端正的，你看每一個菩薩像，坐姿都很端正。一昏沉就不行了，這個身體，這個氣——不論先天一炁也好，後天一炁也好，就支持不住，所以就彎起來，這樣就會睡覺了。

有些人坐著好像沒有念頭一樣，實際上是在昏沉，那很嚴重。譬如我們唸佛的時候，唸到昏沉了，好像佛號也唸不起來了，就沒唸佛了。你要搞清楚自己是不是在昏沉中，如果自己昏沉以為是入定，以為自己在修道，以為自己在好境界，你的果報是走入畜牲道的。這樣越修腦子越遲鈍越無智，而且越懶，懶得動腦筋了；慢慢也不想記事了，以為自己這個是空，其實是大昏沉。細昏沉就是打起坐來，好像自己也知道，實際上不大清楚，迷迷糊糊的做不了主，這算不算睡著了？沒有，別人講話自己還聽見，這是細昏沉。細昏沉搞久了以為是入定，那個果報也是同樣，所以要搞清楚。

其次是掉舉，大的掉舉就是散亂。我們普通人就在兩個境界裏過一輩子，千生萬劫都在這裏頭轉，不昏沉就散亂。人疲勞了就睡覺，睡醒了眼睛還沒有張開，思想就來了。所以不昏沉就散亂，永遠不會平衡，因此永遠在生死輪迴中轉動。不管你佛學講得多麼高明，戒定慧怎麼樣的好，理論再怎麼好，第一你沒有真正得定，縱然持戒很好，不是真的戒。第二你縱然智慧好，不是真的智慧，那是世智辯聰，是從世間的知識、頭腦的分辨來的，不是真智慧，真智慧不用頭腦思想就來。我們看到很多學佛的人，身上都是病痛，那修個什麼道？佛說學佛可以了生老病死，你既然是學佛的人，身心都不能健康，這個東西學了幹什麼呢？對不對？這是很現實的問題。重點是你定力不夠，要想戒學得好，必須要定。一定了以後，就不須要談戒了，他雜念妄想都不亂起，那就是戒了。你定了以後也不要談慧了，定中自有智慧來了。

道家所講「鴻濛」，是定的初步，如果拿佛教的教理配合來講，就是四加行的第一步得煖。煖、頂、忍、世第一法，這是佛法裏的四加行，不管大乘小乘離不了四加行。鴻濛境界，混沌境界就是得煖。所以這位同學問的問題，現在答覆了，也解釋了這個鴻濛混沌。它與昏沉差別在哪裏呢？昏沉是自己做不了主的，鴻濛混沌境界是自己證入這個境界，做得了主。拿唯識的道理來說，鴻濛混沌的境界就是五偏行的作意而成。但是昏沉不是作意來的，而是由習氣來，所以兩個詳細的差別在這裏。不過不能隨便去講理論，要好好用功體會才能清楚。

先天真一之水來了該如何

當你空到極點什麼都沒有，到了一切「鴻濛未分」這個境界，「便是先天真一之水，非後天有形之水也」。這個現象並不是身上有個水來了，先天真一之水用方位來代表是北方壬癸水，拿人體來講，是下面。天一生水，等於說我們生命上的春意發動，並沒有加任何的妄想，並沒有加任何的欲念，就是所謂「天地絪緼，萬物化醞」的境界，也就是鴻濛的境界。這個有水的現象，由下而上升，等於我們物理上的水蒸氣由下面上來。

「學道之士，若能攝情歸性，併兩歸一，纔復得先天真水，水源至清至潔」，先天真水也就是真的活子時，這是金丹一點的根基，所以學道的人，這個一發動，精神好了就來真水，衰敗了就沒有。要「攝情歸性」，後天的妄想、欲念都屬情，學道的人要能夠定得住，把它空了，才能歸到清淨無為的境界。修道的到了這裏，本來昏昏迷迷，忽然精神來了。一般人都在疲勞時去打坐，覺得蠻好蠻清淨，實際上並沒有修行，因為這是休息。疲勞了當然清淨，雜念也沒有了，沒有力氣打妄想了，並不是工夫到了。那麼一般人何時下座呢？坐到先天真一之水差不多來了，精神也來了，覺得我差不多了，下來穿上鞋子，要打牌的去打牌，要做事的去做事，所以永遠不會成道，永遠不會得定。因為在先天真一之水來時，你穩不住，就不能「攝情歸性」，當然也空不掉。這個時候空得掉就叫做空了，這叫做返本還原。

性與情合　身心一片

他這裏把做工夫的辦法告訴你，修道之士到這個境界能「攝情歸性，併兩歸一」，把兩種歸併成一個。兩種什麼呢？性跟情。理論上就是妄想空了，歸到本性上。這兩種作用，在身上是神跟氣，神不動，神與氣兩樣凝結攏來，才能夠得到先天的真水。「先天真水」這個時候「水源至清至潔」，妄念一動，尤其是加上男女的欲念一動，這個水已經不清了，先天一氣變成後天混濁之水，沒有用了。

「此時身心打成一片，不染不雜，自然表裏洞澈，有如萬頃冰壺」，到這個境界那是呆定的，不管你學顯教密宗，修止觀，修淨土，不管你修什麼法門，就是「先天而天弗違」，呆定的法則。到了這個境界，先天真一之水來了，這個時候身心打成一片，怎麼打成一片？雜念妄想沒有了，身體感受也沒有。感受沒有不是勉強做的，如果一個念頭都不想動，甚至什麼都沒有興趣，什麼都沒有意思，那變成枯木了，那完了！那不是先天一炁，那個學佛叫做枯木禪，是邪禪。真正身心打成一片是身心融為一體，春意盎然，這個春意沒有什麼色情的作用，只代表生機充滿。「身心打成一片不染不雜」，所以心如明鏡臺，那就一塵不染。那個時候，告訴諸位，你想動煩惱動妄想都動不起來了！沒有煩惱沒有妄想，是自然的，但是並沒有到家，這是第一步。張紫陽真人在《悟真篇》上告訴我們，到了這個境界，「煩惱無由更上心」，一個煩惱妄念動不起來，沒有了！這個時候「自然表裏洞澈」，拿身體來講，一片空靈，身體好像空了沒有了，變成一個玻璃瓶子一樣。玻璃瓶子還有個玻璃，這個時候連玻璃都沒有了。道家北派的丘長春真人，形容這個境界叫水晶塔，身心變成水晶的塔，內外透明。

如果我們再嚴重的做個比喻，佛家的《法華經》，沒有什麼佛學的理論，只莫名其妙的講了許多的故事。所以有些知識份子不喜歡看《法華經》，因為就像是神話故事一樣，可是他故事裏頭有東西。有一個故事，說到釋迦牟尼佛說法，地下湧出來一個多寶如來的寶塔。多寶如來，你們做生意的碰到他可高興了，那一定發財。他從地心湧出來，這個塔是無縫塔，沒有門，進不去打不開，多寶如來坐在裏頭。因為釋迦牟尼佛說法說得好，他就叫釋迦牟尼佛進來坐在旁邊，這就是分釋迦半座的故事。這個時候，所謂先天一炁從地湧出，「表裏洞徹」，還沒有到達多寶如來那個境界，可是有消息了。

還有一個禪宗公案，釋迦牟尼佛在世時候，有一個女的入定，佛就問小乘及大乘的弟子，誰能夠使她出定。文殊菩薩、普賢菩薩，這些能力很強的，想盡辦法，無人能夠使這個女的出定。諸大菩薩們束手無策，可見她的定力有多高。後來一位罔明菩薩從地下湧出，在這個女的耳朵邊彈指一聲，她就出定了！禪宗有這麼一個公案，等一下你們參參看。

第七十六講

真一之炁如何發起

剛才講道家所說真的活子時來，就是先天一炁，一切都從虛無中來，那個境界他都講得明白，「自然表裏洞澈，有如萬頃冰壺」，這是形容境界，不是真的冰冷，而是像玻璃一樣的透徹，把實際的境界都講出來了。他解釋道理是引用老子這一句話，「故曰，上善若水，清而無瑕」，就是這個境界。

接著下面第二段，「大道離相離名，本無形象」，無名可得，所以連佛也不可說不可說，沒有名相的。「及其生出一炁，似乎可得而形容矣」，本體，道的體無名無相無形，所以離一切相即一切法。拿佛學的道理說，在真空生出妙有的時候，起作用的時候，「似乎可得而形容矣」，有一點形相可以抓住了。

「然此真一之炁，杳冥恍惚」，他把《老子》濃縮了，原文是「恍兮惚兮，其中有物；杳兮冥兮，其中有精」，在空空洞洞中間有個作用，這個妙有作用哪裏來呢？真空中來。「形于無形，象于無象。非一切意識可以卜度揣摩而得」，它有形有相又無形無相，這並不是指妄想境，注意啊！我們一般修道打坐都在想像或者有意去練工夫，那是自己意識去造作出來，想要達到這個境界。只不過，這是妄想，是假的不是真的。先天真一之炁不是意識可以「卜度」，卜度就是猜想。這個不是意識分別，拿佛法來說，是在無分別心的時候，才能夠發起真一之炁。

「故曰，道之形象，真一難圖」，他說真正到先天一炁來的時候，很難說出一個樣子，如果一形容一描寫就著相了。一般修道的人沒有不著相的，佛家道家一樣。所以說「真一難圖」，的確如此。

現在又一段，這個先天一炁，「真一之水，便是中宮一點鄞鄂，所謂太乙含真炁也」，這個水是現象，所以叫「鴻濛」，就是剛才我們說像春天的那個氣候。這裏拿《易經》的天象來比喻，這個真一之水，就是中宮，像城牆一樣圍起來，有個隄防。這個時候就如達摩祖師所講的「心如牆壁，可以入道」，自然到達沒有妄念。道家形容所謂「太乙含真炁」，這就是太乙，屬於北方真氣。

神與氣的交會

「合之為一炁，分之則為兩物」，神與氣合攏來完整的叫做一炁，分開了就是兩個東西。大的代號叫陰陽，小的代號叫剛柔。陰陽剛柔，在我們生命的作用，就是神跟氣兩個。大家唸佛也好，打坐也好，工夫做得好，神和氣充滿以後精神來了，於是心就散亂起來了，結果又分散了神與氣，所以工夫永遠不上路。你真懂得這個道理，用起工夫來，一百天一定上路的，所以百日築基是沒有錯的；充其量四個月一定上路，你的生理、心理都改變啦。說分開是兩物，「又分之，則為四象五行」，兩個東西再一分就越來越散亂，所以神氣兩個不要分開。

「交會之時」，我們修道就是把向外放射的六根都收回來，就叫交會。有些書上就變成交媾了，一般人把道書看錯了，認為是男女關係，那是很罪過的。這個神氣交會的時候，形容有如夫婦交配之象。「五行變化，全在中央」，在身體內部五行起變化了。有些人打坐，一下病發了，以為打坐出了毛病，那是你本來裏頭就有病，因為靜坐以後，元氣充沛了反應靈敏，那些病的感覺就反應出來。既要修道，你就要把生死看空，一步一步給你打開，才能一步一步成功。神氣兩者交會，五行起變化，心肝脾肺腎都會起變化，全在中央戊己土之中。什麼是戊己土呢？就是一念不生，一切都不理，不要配合它，氣走到心也好肝也好，走到任何地方有感覺一概不理。拿佛學來講，「色受想行識」五陰，你要是跟著感覺的地方跑，就是受，就落在受陰的境界。妄念則是想陰的境界。

這個時候神氣交會，五行各歸本位，各歸本位就是不動，自己雜念妄想寂然不動。「既而木仍在東，金仍在西，火仍在南，水仍在北，各居其所矣。故曰變而分布，各自獨居。」木屬肝歸東方，金屬肺歸西方，火就是心在南，水就是腎在北。換句話說，這樣金木水火土各歸本位不動。如果身體不好，尤其老年修道的，有各種變化，有各種難過，只好不理。一個念頭，用佛的十念法，念佛、念法、念僧……最後一個是念死，反正曉得要死的，遲死早死一樣。充其量不成功而死掉，可是我修道的決心不變，在戒定慧中要有這個堅持。這一段把用功做工夫的境界講了，都從先天一炁來的。《參同契》告訴我們活子時一來，先天一炁來，會有那麼多的變化，變化的過程很多很多，講起來只有幾句。

現在他做結論，「此段，言真一之水，實為丹基」，告訴我們修長生不老之道，不死之法，煉丹的基本，就是真一之水。如果你的善行功德不到，你修百輩子也沒有用，第一關天一真水一來，你就先垮了。我叫大家看《西遊記》，我這個教育法古怪，我們新出一部《西遊原旨》，要看悟元子真人的批句，好極了，什麼祕密都說了。朱雲陽註解這一段很重要，說天一生水，「真一之水，實為丹基」，是煉丹的根本。

氣不住怎麼辦

崔公「入藥鏡所云」，崔公是古代的一個神仙，「水鄉鉛，只一味是也」，「水鄉鉛」就代表氣住了脈停了。氣住之後，雖不到脈停，妄念自然空了。大家學佛修道打起坐來，思想妄念為什麼不能空？因為氣不住。所以一般人修止觀，聽鼻子的呼吸，叫做數息。我常說鼻子的呼吸，數息，是修六妙門第一步，只是方便而已。夜裏失眠的時候，注意數出氣，如果身體差精神不夠的，就要注意進氣，這是個祕密啊。

一數二隨，第二個方法是隨，不要數了，就隨著呼吸氣在動。修數息不是修這個氣呀，這個呼吸是生滅法，以生滅法來修一個不生不滅之道，這豈不是背道而馳！唸佛也是生滅法，你在生滅法中唸佛，會得到一心不亂嗎？

唸佛必須要把淨土三經研究清楚，搞數息的要研究什麼是息？不呼不吸那個時候是息。人的思想雜念同呼吸是聯成一起的，念住了息一定住；息停了，思想念頭也不起作用了。換句話說，呼吸不停，你說妄念空了你是在自欺，永遠修不成功的。要達到氣住，先要做到念住，念跟氣兩個是一體的，所以修道到「水鄉鉛」時氣住了。就是這一味藥，就是這個氣住，長生不老之藥是也。得了這個藥就祛病延年，長生不死，真能夠念住氣就住了。

「學者若知攢五合四，會兩歸一之旨，鄞鄂成，而聖胎結矣。」這個攢，就是把幾個銅板在手上，這麼一丟一丟。「攢五合四」，把五行四象不散開啦。「會兩歸一」，把神氣兩個會合歸一。你懂了這個目的，「鄞鄂成，而聖胎結」，就是百日築基成功。換句話說有胎兒了，並不是你真的懷胎，可是像女人懷胎一樣，覺得身體裏有東西。那麼你們女的呢，有些人道書亂看，看了斬赤龍想把月經斷了，你不要亂搞啊。真到這個時候已經是男女一樣了，月經斷不斷那已經不考慮了，它自然清靜，都會返老還童的。所謂結聖胎以後，第二步就是長養聖胎了，道家比喻十月懷胎，要保養它，慢慢慢使它成功。

結丹後下一步

下面《參同契》原文「類如雞子，白黑相符」，這個是講結聖胎以後。雞子就是北方人叫的雞蛋，雞蛋裏頭有個蛋黃，外面是蛋白，白黑代表一陰一陽，混沌狀態。這叫混沌包起來，神在氣中，所以一念靈明，神在氣中像是中間一點靈明不昧，一念的正知正見，外面則是絪縕鴻濛的狀態。

「縱橫一寸，以為始初」，上面橫的直的只有一寸寬，這是形容，拿身體來講，就是我們中國人的方寸之地，就是心。不是有形的心臟，是在心窩子之下這個地方。「四肢五臟，筋骨乃俱」，在這個裏頭，不管男的女的，四肢五臟樣樣具備。

「彌歷十月，脫出其胞」，這是形容女性懷胎生孩子現象，以比喻工夫到了這一步時，你身上每一個細胞、神經、骨頭，都會起變化。有時會很痛苦，尤其是到了頭部。我常常吩咐有些用功的同學，你小心啊，下一步會頭痛得你要死。有些同學害怕了，老師啊，痛多久？我說，半年一年不一定啊，裂開了一樣。那怎麼辦？怎麼辦？你能拿個刀把頭砍下來嗎？怎麼辦？你只能忍受。所以說道家必須懂醫藥，你看每個神仙都是高明的醫生。所以佛家走菩薩路子要修五明，其中一個是醫方明，要醫藥的幫助，非懂不可。道家到這個階段內丹有了，還要外丹，外丹就是藥物，配合上就減少痛苦很快通關。修道是多方面的學問，千萬不要認為打坐就是道啊！你會修倒啦！你會倒退啦。

這個時候「骨弱可卷，肉滑若飴」，一個人修道到了這步工夫，你的肉體就變了，這個骨頭軟得好像麵粉一樣，軟得不得了，可以卷起來；皮膚光滑得同嬰兒一樣。「飴」就是麥芽糖，皮肉像飴糖一樣的光滑。這還沒有到神仙，是成神仙的第一步。學佛的人得初禪、二禪時，就到了這個境界。到了這個地步不用進美容院，就很漂亮了。

再看註解，「**此節，特顯法身之形象也**」，這裏講法身，是借用佛家的話，但是佛家對法身的解釋不同。佛家講法身是涅槃境界，離相離名；道家講的法身就是這個丹頭一點，天一生水，結丹以後生出來的身外之身。拿佛學來講就是《楞伽經》所講的意生身，是身外之身，肉體以外的身，所以學佛修道不得意生身是談不到成就的。

「聖胎初凝，一點元神，潛藏神室，混混沌沌，元黃未剖，黑白未分，有如雞子之狀。故曰，類如雞子，白黑相符。」這末兩句就是解釋，真正得定的狀況。禪宗也一樣，真正開悟了沒有不得定的，得了定，「聖胎初凝」就不動了，身上的毛病早就沒有了。如果身上還有風濕等老化病，就不是了。像我們這些都沒得道的，髮蒼蒼視茫茫，就不行了！得定時，一點元神「潛藏神室」，向內斂，這個內斂境界勉強可說在心中，有形的可以說在心窩子當中，可是不能著相，一著相就不對了。

這個時候叫混沌，上次講過混沌跟昏沉的差別，你要注意了，這個混混沌沌，其中一點靈明不昧沒有昏沉，可是外面的身心都轉變了。這等於「元黃未剖」，元黃是《易經》坤卦的道理，像太陽快要落下去，陰陽交會時的一片昏黃之象。所以到了混沌元黃境界，就是一念靈明在內，外面的身體柔軟，氣住脈停了。黑白代表陰陽，有如雞子之狀，混沌未分，「故曰類如雞子，黑白相符」，這是結丹以後的第一步。

混沌境界在何處

「神室中間，方圓恰好徑寸，法身隱于其中，優游充長，與赤子原初在母腹中，一點造化。故曰，縱橫一寸，以為始初。」這個時候丹頭一點不在腦子裏，你們修道守竅啊，密宗的三脈七輪啊，這個時候都不談了，因為都過啦，氣脈早打開了。這個時候那個真正的境界，在我們身體的中心點。我們身體也怪，到處都是三角形，你看密宗畫的壇場，生法宮就是三角形。我們人體上很多啊，你們懂了就曉得修道。臉上三角形，兩個眼睛到口鼻三角形，兩個乳房到肚臍三角形，兩個乳房到上面喉結三角形，到處是三角形！下面下去也是三角形。所以中國的東西也是根據這個來的，連香爐也是三腳香爐。可是你們現在工夫不到，認為道家守在三角形，自己搞得心痛，胃氣不通。所謂「神室中间」，有些道書說中黃神室，中黃就是中宮。神室中間方圓恰好一寸，這個寸不是現在的寸，真正的一寸，學針灸的人知道，有些部位是以自己中指中間一段為標準，道家稱這個為一寸三分，每個人身體不同。

譬如說喉管三寸也是這樣一個量法，這個我告訴你，中國文化現在都沒有了，有一種草藥叫葛根，四川的特別好，一個人打擺子發冷發熱，胃裏有細菌消化不良，中醫西醫都沒有辦法，搞了一年多都好不了。當地找來一個鄉下人，用土法子，那真有本事，他一看這是瘧疾打擺子，就去找一個葛根，把外皮一扒，裏面白的像蔥白一樣。他把病人手指頭拿來一量，我在旁邊看他是個內行，量了就把葛根切好長度，從病人喉嚨裏一直插下去，等一下他一抽出來，那個人就好啦。我問病人有什麼感受？他說那個東西下去，感覺好像有個東西咚一下掉下去啦！就沒有啦！就是很久的消化不良，像在胃裏頭長毛了，沒有辦法化掉。這是中國人用的老辦法，我現在可惜，那個到胃裏頭幾寸忘記了。還有一個懂得中藥修道家的，不管什麼病找到他，很簡單，隨便出去抓一點草藥洗洗，吃了就好。我要拜他為師，他說條件是你什麼都不要做，跟我三年。我一聽這三年跟你，做一個草藥的，這有什麼用呀？我現在想想很後悔，跟他三年這個草藥就學完了，能救多少人啊！笨！可是來不及了！人沒有三頭六臂，要學的東西太多，學不完啊。

「方圓恰好徑寸，法身隱于其中」，說那個丹頭一點，混沌境界就在中宮。「優游充長」在禪宗就是「任運」，讓它自己充滿。「與赤子原初在母腹中，一點造化」，道家叫懷胎，沒有真的胎兒，等於嬰兒在娘胎裏慢慢長大的現象，修道的境界是一樣的。所以《參同契》上講「縱橫一寸，以為始初」，就是這個道理，真結了丹那個境界是在這裏，這叫初步。

第七十七講

混沌境界須多久

「聖胎初凝，一點元神，潛藏神室」，這個是得定的時候，定有很多種，道家的這種得定是進入混沌境界，就是非空非有，不空不有這一念。有一念已經不是了，沒有一念也不對。當真到身上來時，道家所謂工夫來找我，不是我去找工夫，它自然回轉了。儒家朱熹朱夫子所講的一念回到腔子裏，當然朱夫子能不能到達這個境界不知道，他那個說法是對的。一念回轉，禪宗達摩祖師也講過「一念回機，便同本得」。不過達摩祖師所講的一念回機不一定是這樣，我們借用他的話，硬是自己回轉來到內心了。這個時候你不想入定也不可能，六根自然關閉，不想動了。等於老母雞孵卵那個樣子，人都軟了，喝醉了一樣，雜念妄想統統提不起來了，可是並不是昏沉！這一點元神不是有念也不是無念，確有這個作用。

回轉來「潛藏神室」，一念正念到了身上來，你說在哪個部位呢？勉強講它在神室中宮。其實這個時候，「元黃未剖」，未剖就是雞蛋黃未打開，這是形容！我們這個身體，沒有內外中間的分別，等於雞蛋一樣，外面蛋殼包著，裏邊有個蛋黃。千萬不要幻想我已經變成雞蛋，裏頭有蛋黃。「黑白未分」，明白這一念不是有念也不是無念，代表六根關閉了，不相干了。「類如雞子，白黑相符」，內裏是白的外面是黑的，雞蛋裏面是黃的外面是白的了，這是比喻。這個白黑是什麼道理？說是一靈不昧，那靈靈明明，整個同外界隔開了。那麼在哪裏呢？在我們心中，不一定是有形的心窩裏頭，但也並不是離開這個有形的身體心窩這個部位。「神室中間，方圓恰好徑寸」，這個我們講過的，「法身隱于其中」就是在心中。這個混沌境界一定下去多久呢？就不一定了。算不定坐在那裏，或者躺在那裏，站在那裏，也許兩三天，也許七天七夜，都在這個境界裏頭。你們注意，萬一諸位將來到了這一境界，當然算不定啦，大家都有神仙資格，能不能當選不知道，但是看到旁人到了這境界，就要幫忙，要護法要照應他。

「優游充長」，形容完全自由自在。過去在重慶看到一位老前輩，聽說他常常入定。他一個禮拜吃一次飯，我也曾當過主人，他一個人吃一桌酒席，我們當主人不吃，在旁邊陪他談談。他慢慢吃，又起來唱唱歌，站起來摸摸肚子走兩圈，然後又吃，這一頓飯，要吃五六個鐘頭。這一餐吃完了，一個禮拜不吃飯。他是吃葷的，都要頂好的，他吃飽了起來，說聲再見就走了。修道的人，大家朋友不用多話客氣，他高興起來，跟你談幾句，一個禮拜吃一餐免得麻煩，這個可是普通人做不到的。這是講到「優游充長」這四個字，想到這位老朋友。修道工夫到這一步的時候，就要專修了。

「與赤子原初在母腹中，一點造化」，他說這種情形就是嬰兒剛剛入胎，這就是一點造化，我們這個性命凝結成了。所以原文講「故曰，縱橫一寸，以為始初。」縱橫一寸的地方，不一定講心窩這裏，修道家就要靈活，假使讀死書就著相了，修道絕不會成功。到這個時候，沒有雜念妄想啦，拿佛學來講，貪嗔癡慢這些都沒有了。

築基結丹再養胎

上面這些叫做百日築基，真正結胎，也就是結丹，只有這一條路，沒有第二條路。你說打坐入定，今天觀想成功有境界，可以坐上幾天幾夜，那都不是結丹。真正結丹是自然來的，不是你想像出來的，觀想出來就不對了。那麼這一點來了以後，是修道第一步，這也就是說，百日築基的基礎打好以後，不曉得什麼時間，你功德到了修行到了，這東西就來了，結丹以後就入胎了。《楞嚴經》也提到長養聖胎，跟媽媽懷孕一樣，這個胎兒慢慢長大，道家就叫做溫養，說「溫養真胎」，這個地方他用真胎，不是假的。

「溫養真胎，必須從微至著」，長養聖胎這個階段，開始只有這麼一個境界，覺得有這個東西，真空中起妙有，不一定只是打坐入定的時候，下座還是如此。剛才有個比喻，等於母親懷胎一樣，隨時隨地這一念不出去，在內的。不像我們現在打起坐來，思想亂七八糟向外散，把思想停住已經很困難了，所以根本談不上溫養。真到溫養時候，這一點真空妙有，從開始微弱，慢慢作用越來越大。

「始而成象」，開始變成那個現象，這個裏頭工夫就很多了，如果你的智慧不夠，或者是學過其他外道，下意識有觀想，算不定你就覺得裏頭真有個胎兒。或者覺得自己裏頭就是一個菩薩像，你要是喜歡觀音，自己就是觀音像，有時覺得完全是個剛生下來的嬰兒。所以就要注意了，「凡所有相皆是虛妄」，絕不能著相，否則你就走錯了路。「始而成象」是無相之象，但是假設真到這一步，修道有時候會變真，所以說，很難，就是在這種地方要真智慧了。

開始成象，慢慢工夫培養鍛煉成熟，「繼而成形」，就像嬰兒在娘胎裏成胎以後，慢慢生成脈絡、筋骨出來了。「四肢五臟」同我們現在身體一樣，「併筋絡骨節之類件件完備，具體而行」。千萬注意啊！這段是形容辭，形容一個胎兒在娘胎中這樣長成。

所以他說原文還是形容辭，「故曰，四肢五臟，筋骨乃俱」，這個時候成形了，就是形容長養聖胎。這個裏頭就講不清楚了，講清楚了工夫不到也沒有用，到了再說，這是第一。第二，古代人講這些是有他道理的，他給你講了以後，你非走錯路不可，因為人這個欲望，聽到一個高遠的境界，告訴他不可以著相，我知道！我知道！我知道！但他下意識已經著相了。你告訴他，要空掉，我知道！我知道！到時候充其量碗那麼大一個空，如此而已，非著相不可，很難辦。可是道書的形容，也只能著相地形容。

長養聖胎的變化

他說「須知，四象五行包絡法身，便如四肢五臟。法身漸漸堅凝，便如筋骨，非真有形象也。」長養聖胎是說像長成一個人一樣，胎兒四肢五臟都有了，現在告訴我們正統道法，性命雙修，脫胎換骨的正道。我們必須要知道，說四肢五臟是比喻四象五行，這都是《易經》的話，四象是陰陽分出來太陰、太陽、少陰、少陽，這叫四象；五行「金木水火土」，也是代號。總而言之，在這個境界的時候，身心內在的變化，你自己會知道。有時候證入的境界，什麼都不知道了，是純陰境界；有時候內外一片光明是陽境界。當然你們現在打坐也有些人碰上內外光明，可是並不是這個境界，真到這個境界是不同的。

在長養聖胎當中，有很多的變化，各種境界是意形成的意生身，是正念，是一念之間精氣神所結合。一念正定精氣神就結合了，「便如四肢五臟」是形容，不要搞錯了。可是到這個境界，修道沒有辦法講。玄奘法師在印度，兩派的辯論解決不了，後來請他仲裁，有一派問，得道的人那個境界，既然不可說，不可說，那你怎麼可以知道呢？玄奘法師說了一句話「如人飲水，冷暖自知」，解決了這個問題。所以這個時候，慢慢工夫再下去，「法身漸漸堅凝」，就更穩定了。「便如筋骨」，等於胎兒長成功了，各種筋骨有形了，不是真有形象。

這叫做溫養，就是後來道家所謂十月懷胎，《楞嚴經》講長養聖胎。這樣「溫養既足，至于十月胎完」，並不是一定十個月，有人快一點，那是靠他前生多生多世的修持。這類人也許個把月幾天就完成，也許好幾年，所以不是呆定的。「十月胎完」是講人的懷胎境界，這是拿來做比喻的。

意生身成就了

「赤子從坤爐中，躍然而出，上升乾鼎」，這個肉身定久了，什麼奇經八脈、三脈七輪，那都還是前面的事，都過去了。到了這個「從坤爐中」陰的境界，從我們那個混混沌沌的坤爐，也可以說從丹田開始一直上來，「躍然而出」，向上衝上來，等於嬰兒長大。我們普通人，十月滿足，從母體下部就出生了。欲界的生命是從母體下生，有些高層的天人同植物一樣，從父親頭頂、肩膀上跳出來。欲界是精交，色界是氣交，無色界是神交，都不同。

「從此重安爐鼎，再造乾坤，別有一番造化」，假定你修道到這個境界，那真是學會頗哇法了。下一步還有工夫的，要另一個方法了，又是一層。道書到這裏下一步沒有講，有些道書到這一步說「自知」，你自己會知道。如果你這一步到了，自有真師指點，就是從虛空中自有仙佛來指點你，那不是一般的了。「重安爐鼎」，這個身體還沒有丟掉，還要再造乾坤，整個鍋爐再造過。有些道書講是陽神出竅，像嬰兒一樣，不能讓他走遠了，如果走遠就回不來了。大家看了都著相，以為真有個東西從身體出來，還有些人這樣問我。老實講，如果這樣想，就是一種精神分裂的幻想境界。

這個是實際的工夫，你說它無形無相，又是有形有相。「重安爐鼎，再造乾坤」，這八個字是說還要再煅煉過，並不是有這一工夫就行了，還差得遠。所以下面說「別有一番造化」，正所謂另外有一番工夫，還要另外修過，要真師指點。道書所謂真師，是真正有成就的前輩，這要仙佛菩薩來點化你，教你下一步了。我們現在連佛經都看不清楚，那個時候就會看清楚了。

「我之法身，纔得通天徹地，混含太虛」，這個法身成就了，跟宇宙天地同體了，可以說到了長生不死的境界，法身成就也是意生身修成了。意生身雖成就了，後面還有工夫的。意生身成就可以成菩薩，但是剛剛登初地而已，菩薩境界廣大，後面還有九地。如果借用佛學來講，法身成就了還要修報身成就，所以神仙也分好多種。有些法身成就了，留下肉體，這在古文叫做「委蛻」，像是夏天知了到秋天死了，留下來的殼叫「蟬蛻」。蟬蛻在中藥是治喉嚨發炎的清涼消炎藥，委蛻也可以叫做「委羽」。我們浙江黃岩有個委羽山，山中有道觀，這個委羽山是道家三十六洞天，七十二福地之一，是修道得道的好地方。我當年去過這個道觀，後面還有幾個洞，藏風聚氣，風水不漏。風水就是環境，在這種地方修道，環境非常好，精氣神自然都凝聚了。這個委蛻，委羽，就是法身成就。

進一步再造乾坤

讀道書到這裏應該明白了，「重安爐鼎，再造乾坤，別有一番造化」，再進一步，再高一層的神仙，就是修到報身也成就，帶到這個肉身化了。這是剛才我們講的這個肉體第一步修成意生身，就是道家所說的法身成就，還要回轉來再修肉體的變化。像呂純陽活了幾百年，走了以後還是常來人間，密宗蓮花生大士也是。實際上道家講隨時都可以來，散而為氣，聚而成形，因為他是帶肉身成就的人。所以這個身體隨時自己念頭一動，可以把它變成光，變成氣，讓它凝結回來，要變成別的形狀也可以，這是報身成就，據說是如此。報身成就還不夠，更要法身成就，自然化身就成就了。這一段要注意，道書上到此，已經是告訴你祕訣了，就是「從此重安爐鼎，再造乾坤，別有一番造化。我之法身，纔得通天徹地，混合太虛。」

所以《參同契》的原文講「故曰，彌歷十月，脫出其胞。而有骨弱可卷，肉滑如飴之象矣。」禪宗也講這個，你們看《五燈會元》《指月錄》，仰山的圓相畫一個圓圈，中間一點，好像太極圖一樣，幹什麼？就代表這個。有時畫個圓圈中間寫個牛字，這又是什麼呢？所謂打機鋒轉語，這個裏頭有的寫三個牛字，你們參不通。如果說禪宗不談工夫，那才是活見鬼，你根本不通禪！禪宗非常注重工夫，但決不著相。佛經也是這樣，決不談工夫的現象，但是佛經你讀懂了，它處處告訴你修持工夫的現象，這要你自己知道啊！所以到這個時候「彌歷十月，脫出其胞，而有骨弱可卷，肉滑如飴之象矣。」就是剛才我給大家已經點穿了的，要進一步專修，還要回轉來在這個肉身上做工夫。到了十月懷胎，三年哺乳以後，整個的肉體返老還童，老骨頭軟化了，軟化到像嬰兒一樣，身體皮肉滑得像麥芽糖一樣。這一段很重要！

魔來了

「此段，言法身形象」，這一段明白告訴我們怎麼叫結丹，怎麼叫結胎，「與母胎中生身受炁之初，同一造化」，與人身受炁結胎同一現象。這個時候，你說還會跑掉嗎？絕對還會跑掉，所以說很嚴重，這就要功德了。你說真有魔嗎？世界上有鬼怪沒有？沒有，因為大家看不見。可是，工夫到了就會來，平時魔不會找我們，等於土匪看到我們同他一樣窮，所以搶了沒用。但是你修持工夫到了那個時候，魔性的念頭爆發，聖人都擋不住，欲念貪瞋癡慢到這個時候又重新發生，而且有外魔的境界魔你，有種種環境誘惑你，道要垮掉的。這個時候，要有絕對的戒律，但有時這個戒也戒不住，就要真正的智慧了。

「但順則生人，逆則成丹」，這個時候順則生人，順著欲望去做就變成普通人，又垮掉了。垮掉沒有關係，只要你活得長，再修吧！有第一次垮的經驗，第二次格老子不上當了，但是第二次不是那個樣子來的，是別的境界來誘惑你，又垮掉了。只要你活得長，第三次，第四次，可是時間機會畢竟不多，很難。順這個路線走，到這一步境界有沒有關呢？所以叫你們諸位看《西遊記》，這個時候很多的關。如果說這個人沒有男女之念，到這個時候不會垮吧？可是你發財機會來了，成名的機會來了，都想不到。凡是你下意識習氣裏頭有的，它都會有一樣的境界來。「有聖與凡之別耳」，這句話特別重要，你看修道到這步工夫，你認為了不起了，當然了不起，唉！還是凡夫境界，夠不上是成仙。就算是仙佛是聖人，也要衝過這一步魔障關，才能再跨進一步，修道就有這樣的難。這一節我再三跟大家講重要，重要，你們自己再去研究，裏頭文章還很多。

現在總結是他的評語，「此章，是養性第一關鍵，與上篇兩竅互用章相應。」這一章太重要了，是有關養性的關鍵，也與前面第七章「兩竅互用」相呼應。

第七十八講

二炁感化章第二十一

陽燧以取火，非日不生光。方諸非星月，安能得水漿。二炁玄且遠，感化尚相通。何況近存身，切在于心胸。陰陽配日月，水火為效徵。

現在是二十一章，二炁感化。養性的工夫就是修命，性命雙修是第一個關鍵，第一步根本工夫。「**二炁感化**」就是陰陽二炁，彼此互感。

水火既濟的修法

「陽燧以取火，非日不生光」，陽燧是什麼？拿我們現在講，一個木片，透過玻璃凸鏡對著太陽久照就起火了，古代就是這樣取火。「方諸非星月，安能得水漿」，方諸也是一種物質，同寶珠一樣，對著月亮一照，珠上面就有水出來了。「二炁玄且遠，感化尚相通」，太陽的光能，集中焦點在玻璃凸鏡上，就可以點火；一個寶珠在月光裏一照，水就出來了，他說這些是物質物理的作用，同類就相感應。「何況近存身，切在于心胸」，何況我們這個身體是活的，不是普通的物質，所以道就在我們身體裏，就在我們心中。

「陰陽配日月，水火為效徵」，陰陽是個代號，等於天體上的太陽月亮的關係一樣；水火就是《易經》上所說坎卦水，離卦火。水火之氣，水在上，火在下，就是水火既濟，是好現象，像我們煮飯一樣，上面放一鍋水，下面舉火煮。火水未濟是火在上水在下，沒有用，煮不成東西。修道也是這樣，所以你們打坐境界，頭頂上面清涼，下面丹田發暖，這就是水火既濟。如果上面頭腦昏昏的暖暖的，下面涼涼的還拉肚子，就是火水未濟，越來越糟糕，是永遠不成功的。所以清涼必定要從頂上灌下來，是灌頂的作用。道家不用既濟、未濟兩個卦名講。

「此章，言水火兩弦之炁，以同類相感也」，在天體就是日月。天體氣象的變化，是由太陽月亮的變化而來的；我們人身上就叫水火，修道，是身體上水火變化的關係來的。水火再進一層，火就是心臟，水就是腎臟，我們說過好幾次，再說一次，兩個腰子左為腎，右為命門。中國醫書所講腎水，老實講是包括腦下垂體荷爾蒙，一直下來到腎腺，腎上腺，乃至到生殖器睪丸各部位的荷爾蒙，整個是屬於腎。所以為什麼說腦衰了以後要補腎，或者腎虧了要補腦；因為真正腎虧並不是兩個腰子沒有力氣，而是說你本身的荷爾蒙不夠了。現在一針下去就有了效益，古代要弄得採陰補陽，搞得一塌糊塗，亂七八糟，都不對。不過一般醫生不敢亂用荷爾蒙。水代表腎這個系統，火代表心臟，其實也不只心臟，就是本身的熱能。你學過唯識就知道生命是煖、壽、識三者一體，沒有火力，就是沒有陽氣。譬如老年了，兩個腿風濕麻痺，或者是中風了，這是生命的火力不夠，所以真正的火力是這個，並不一定是心臟。這些道理都要搞通才能修道。

講水火兩弦要水火既濟，中醫叫做心腎相交。兩弦這個弦字，我們已經講過，上半月的初八是上弦，下弦就是下半月二十二這個階段，這個道理叫做「兩弦之炁」。上半月屬陽是生長，月亮由沒有變有，慢慢長成圓的；下半個月屬陰，就是由圓滿的月亮慢慢減退到看不見了。所以兩弦之炁是陰陽之喻，每人的身體，男女都一樣，有幾天情緒特別低落，也容易感冒，你自己不知道。尤其老年的朋友，有時覺得精神蠻好，自己還覺得有一點火，過不了幾天，哎唷！不行了！那就是到了下弦。女性更標準，月經快要來的時候，煩惱情緒也來了，脾氣也壞了，一點不如意就要吵架，再不然鬧著上吊了。等到過了這個階段，很爽朗，度量也大了。所以人真是可憐，生命就是兩弦陰陽二炁的變化，這也就是命功的道理，理性告訴自己不要這樣，心裏也不想這樣，可是到那時情緒壓不住。這個情緒就是生理上兩弦陰陽之炁的變化！所以修道要懂得這個。

日月精華如何採

「兩弦之炁，以同類相感也」，這個要注意，尤其老年朋友，這就是採天地精華，補自己精氣。只要你有一口氣活著，你還有藥可以吃，這個藥不要錢買，就是天地的精華。有些道家要煉採日精月華的方法，那很呆板，不算高明，只算是小路。正統道家不走那個小路，雖然小路很有效果。採日精月華我也看到過的，前面也說過，最好要在中國西北高原，北方一帶；東南一帶很難辦，除非到海島。採太陽的精華要在早上卯時，太陽在地平線下還沒有上來，初一初二初三，三天可用。如果碰到下雨陰天就沒有用了。所以都要在山頂上，高空裏頭，看到太陽剛剛跳上海面，跳上地平面，金紅色圓圓的，這個時候眼睛對著，眼神同呼吸都採收這個太陽精氣到自己身上來。

據說狐仙、大蟒蛇，這些精怪動物成仙都走這個路線，可以修成人形。

採月亮的精華，要在每月陰曆的十四、十五、十六半夜子時，我這些祕訣現在都告訴你們，當年求來很不容易呀！但是告訴你們也沒有用，你們不要隨便煉，這只是大概原理。所以狐仙拜月，狐狸精修道也能夠煉出丹來。我們在山上住久了，到這個時候看見有動物在修道，牠出來就盯著月亮動都不動，等於入定了，牠在採那個月華。一個動物能夠煉到這樣，已經很不容易，起碼要一兩百年，比人可憐。所以你們看到時，千萬不要害牠，人家辛苦地活到一兩百年，又沒有害你，你應該幫助牠，將來你修道，牠也會幫助你。

所以這個採日月精華，也是同類感應。那麼我們人呢？修道尤其像老年，精力不夠了，只有借用宇宙這個力量。所以道者盜也，人可以把天地生命偷回來，可是要專修，不是像我們這樣，白天做生意，晚上打個坐，這裏的錢要賺，那邊的也想賺，都給你賺完了，你又可以修道，別人修什麼呢？對不對？所以這個修道是專修的。

「**上章言，魂之與魄，互為室宅，即水火兩物也**」，在我們生命上，思想是靈魂的作用，是魂；後天叫魄，就是身體。我們講這個人體魄很好，就是身體好，身體就是魄，這個白字旁一個鬼字。魂則是精神，死的時候魄跟這個肉體化掉，魂就離開了。修道是把魂魄兩個結合攏來，就是身心兩方面結合攏來，這個叫丹。所以這兩個「互為室宅」，就叫做水火既濟。這個道理是什麼？用我們現在的話來說，身體的健康，影響你心理作用，健康的人是快樂、樂觀的；身體壞影響情緒，思想也悲哀內向，多疑妒忌。換句話說，心理很堅強的人，身體也容易好，尤其是求生意志很強，精神一來，非要把身體鍛練好不可。所以心理跟生理互相影響，就是「魂之與魄，互為室宅」這句話，互相為房子，兩個互相影響。

只要懂這個原理，「金丹之道，以日月為體，以水火為用」，我們修長生不老的祛病延年金丹，是以自然界的太陽月亮為根本，再以本身的水火既濟為用。這也就是熱能同清涼的觀念。

人體的日月水火作用

「體則互藏，用則交入」，這八個字就是祕訣。太陽跟月亮天體互藏，太陽下去了，月亮上來；月亮下去，太陽上來，就是陰陽作用。我們人身要練成祛病延年長生不老，就叫做後天的用。「用則交入」，所以學佛修道要懂方便法門，《楞嚴經》上說「方便有多門，歸元無二路」，你方法懂得不多，修不成功的。方法為什麼要多呢？那就是佛經上所講，對治的法門要多。譬如有一個境界來了，你不知道怎麼辦，你處理不了，好的境界當成壞的。常常有些人，打坐學佛學得蠻好，哎呀，我三天睡不著了！睡不著一天當兩天用，有什麼了不起？他嚇死了，去吃安眠藥鎮靜劑，那就完了！又有修道一度會沉睡，眼皮都睜不開，晝夜想睡，那麼你就讓他睡嘛！他又嚇死了。所以人普通都不像修道的，又想做生意又想求名，又想求利又想求神仙，然後又想照自己的樣子去修，這個不會成功的，因為與修道完全相反。

「日月非水火，體無所施。水火非日月，用無所出」，太陽就是一個發熱的熱能，宇宙最大的能量，屬於火；月亮屬於水，都要適度。如果只有太陽這個熱能，是要燒壞的，連地球也會燒掉；下雨清涼清涼，也要適度，這兩個都不能偏倚。所以假使沒有日月水火作用，則「體無所施」，它的功能就起不了作用。換句話說，我們這個物質世界也是水跟火的作用，假使沒有太陽月亮的關係，則「用無所出」，世界上水也沒有，火也沒有，這個道也沒有用了。我們身體也是這樣。

「近取諸身，遠取諸物」，這兩句話出自孔子的《易經繫傳》。我們老祖宗觀察宇宙的法則，仰觀天文，俯察地理，中通萬物之情，畫出八卦，那是個大科學。「近取諸身」，我們這個肉體生命，也與宇宙的法則相同。「遠取諸物」，遠的呢，宇宙萬物都有同一個生命的法則，綜合攏來，簡化又簡化，畫成了八個卦，包含天文地理人事，無所不有。所以孔子研究《易經》的報告，就是這兩句話。現在丹道就用了孔子這兩句話，「近取諸身，遠取諸物」，這個道就在我們身上，我們身上有太陽月亮的作用，有水火的作用；萬物也是一樣，「莫不皆然」，都是一個法則。

「陽燧是火珠，形如銅鏡，其體中實，象坎中一陽」，陽隧是一個礦物質的珠子，「形如銅鏡」，現在人工可以造得成功了。「其體中實」，中間特別拱出來，半個球體凸鏡像坎中之陽。「此物秉太陽火精，故世人用以取火」，把這個東西對著太陽，拿個紙一照就燒起來，沒有看到火就點燃了。「然必向日中取之，纔能得火，只因這點真陽，原是日魂之光」，這個凸鏡上面並沒有火，可是它有這個功能，是太陽精魂的力量。在這個凸鏡上面一照會起火，「日為光之所聚」，太陽為光之所聚，就是焦點，「陽燧為光之所招，以火取火，安得不靈」，焦點達到了這個凸鏡上面，就點燃了。所以他說《參同契》原文講「陽燧以取火，非日不生光」，用陽燧來取這個火，沒有太陽就不會發出火光來。

修道的老蚌

同樣，中國古代所謂的寶貝，「方諸是蚌珠」，這方諸是千年老蚌的那個珠，你看人多殘忍，把這些動物修了多少年的這個丹挖出來，給自己作耳環，作首飾，多可惜！方諸「其體中虛」，中間空的，「象離中一陰」，離卦中的陰爻。「此物秉太陰水精」，它是陰性，蚌殼或者是蚌珠都是寒性，是滋陰的，但很難消化。男性老年常需滋陰，就是離中一陰的關係。女性也常有人需要補陽，就是坎中一陽的關係，這都是古代醫學的高明。

「故世人用以取水，然必向月下取之，纔能得水。」這個方諸太陰的水精，據說夜裏把它放在碗中，有月光照射會出水。「只因這點真陰，原是月魄之精」，月亮出來，空氣裏頭濕度增加，碗裏就有水了。漢武帝修一個承露盤，就是接受這個夜裏的水氣，夜裏太陽沒有了，空氣裏頭的水份多濕度高了。有人抱怨氣象台不準，因為沒有管濕度的問題。像這一間房子，我常常說是南北極，坐在窗邊的，好熱呀！脫衣服；坐在北邊的人正要加衣服呢。這就是物理作用，修道要懂得這個道理，處處都是學問，都要留意。

「月為精之所藏，方諸為精之所攝」，月亮是藏陰精的，方諸就吸收這個月亮陰精，這個就是蚌殼修道，魚兵蝦將也會修的，所以你看月亮好的時候，海邊那個蚌就出來張開對著月亮曬，它凝結起來結珠就成這個丹。現在的科學研究，有的說是蚌的癌症，反正結塊他就叫做癌，古人就叫做丹，搞不清楚。他說方諸本身是水體「**以水取水，安得不應**」，所以就有感應，月亮一照就出水。古代替皇帝們熬藥，普通的水不能熬藥，要這一種水。有人說用蒸餾水不行嗎，蒸餾水不同，這是自然的濕度的水。中國講醫藥很麻煩，有些藥要天露水，又稱無根水來熬，看藥書要了命。下雨時在戶外接下來的雨水叫無根水；還有陰陽水，就是溪水河水合流處的水，溪水和河水各一半，所以這個道理都要懂得，不然你怎麼讀古書！有人甚至把陰陽水想歪了，歪得一塌糊塗，那就很糟糕。

「**故曰**」，他現在是解釋《參同契》原文，「**方諸非星月，安能得水漿，此即坎離互用之旨也。**」方諸不是天上星星，也非月亮，是動物變的，結果月亮一照它會生水，他這個道理就是物理作用，就是「**坎離互用**」的作用。「**天上之日月，與世間之水火，相去不知幾萬里，可謂元且遠矣**」，天體中太陽月亮與我們地球上水火隔那麼遠，「**然而隔閡潛通，如磁吸鐵，正**

以同類易親，故二炁自為感化，而相通也。」太陽跟地球雖隔得遠，但是能量可以吸收的，用對了等於磁石吸鐵一樣就過來，這就叫「同類」，是用對了同一類，「易親」是容易親近。所以陰陽二炁就起變化而相通。你懂了物理的道理，就懂了生命的道理。

有情無情皆感應

「遠取諸物，無情者，尚且相感如此」，沒有思想的東西叫做無情，礦物和植物是無情。無情的東西就是物理作用，物理作用不是心理作用，心理作用是人的情感來的。無情的東西尚且互相起物理的感應，「矧近取諸身，有情之真水真火，切在方寸之間」，更何況我們是有情生命，更會有感應。

上面講那麼多的理論，只要你懂得這個宇宙的生命，你可以引用到自己身上來的，這個祕訣就告訴你了。所以為什麼打坐坐得好時，精神就非常好，因為你無形中已經吸收了宇宙的功能，所以念頭越清淨，你打坐越有精神。人為什麼睡一覺精神會好？因為心裏沒有思想擋住，他同這個宇宙物理相通，所以精神來了。你假使懂了這個原理，更知道修道的方法，老年人返老還童，說不定會長生不老，這並不是謊話。如果又想升官發財，又想功名富貴，樣樣想要，又想修道成功，沒有那麼多便宜！這是要專修的，千萬注意。所謂專修，萬緣放下，一切都放下，真正一個人去修了。可是一個人專修還不成，還有那麼多道理，那麼多學問要懂，還有那麼多條件，還有那麼多方法，都要理解。所以他說我們這個身體跟宇宙關係那麼微妙，我們生命只要一口氣沒有斷，你自然有真水真火。這個真水真火「**切在方寸之間**」，它在一念之間，在心裏頭。

「**至虛至靈，一呼即應**」，這個呼是叫的意思，是一叫就回來了，等於你動念修道就有感應，只要方法對了念頭正了，感應就來了。「**兩弦真炁，有不相感化者乎**」，所以念頭一正，陰陽的境界一擺對了，宇宙的真炁、陽能同真陰就跟你配合了。

結合日光月精於體內

「所以離中真水，往而流戊。坎中真火，來而就己」，心屬離，它是火，火是陽，陽中有至陰之液，所以古人叫心液，就是真水，流到中宮之土。「坎中真火」，有時候我們打坐，丹田發暖上升，這個是坎水中的火，下部上來的陽能「來而就己」，戊己都是中宮，都到中間來會合。這是「假法象，而採太陰之精」，假就是假借，宇宙太陽月亮的作用，丹田的作用在這裏，不是叫你守竅，如果非要守竅不可的話，最好守中宮位還比較穩當，勉勉強強。所以不要亂來。現在亂傳一通，修密宗道家，修氣修脈，光是鼻子哼呀哈呀，懂這個方法也不會成功的！一定要懂得配合宇宙的原理，那才可以修氣脈成就。

「立鼎器，以聚太陽之炁，自然同類相從，結成鄞鄂。」結合太陽的作用成一個東西，或者結成一個範圍。鄞鄂就是範圍，像城牆一樣固定了，因為「蓋真陰真陽，互藏其宅，便是吾身之日月」，真陰真陽到了身體上面，就是自身的日月，這個人氣象精神就越修越好了。這是無形的好，不是有形的好，因為他受這個天地真陰真陽的感召，所以「日光月精，相胥為用，便是吾身之水火」。這個在道家叫採藥，採宇宙三光之藥，天上的三光是日、月、星；人身的三光是眼、耳、心，都很重要。眼睛，耳朵，念頭思想，也就是精氣神。所以你要採藥，是採宇宙的功能到身體上來，變化自己的生命，這才叫真正的採補。所以採補不是什麼男女採補，假使修道把男人身上的取到女人身上來，把女人身上的拉到男人身上，那是廢物有什麼用呢？如果損人利己能夠成神仙的話，我們就不需要修了。道呀佛呀絕沒有損人利己，只有自己布施出來的。所以修煉是採補天地的精華到身上來，因為天地本來就是布施出來的，它送給你，你不曉得利用就是笨蛋。所以這個是真正的採藥，採補。

「其間採取感召，全仗中黃真意，即吾身陽燧方諸之妙用也。」這個中黃真意就是正念，所以佛家叫正思惟，一念的正念。意念一正，禪宗叫無念，沒有雜念妄想，一念清明就是正念在這裏。正念在這裏，宇宙的功能自然感召到你這邊來，不要你去採它，它自然也歸到你這邊來，這個就是「吾身陽燧方諸之妙用」。所以修道家要清虛，不要守竅，不要做工夫，這是無上丹法。佛家則要空，大家好好地打個坐，雜念妄想真正清淨，十五分鐘就有效果了，坐個把兩個鐘頭當然舒服呀，因為宇宙之氣，陰陽之氣到你身上來，感召了。

「故曰，陰陽配日月，水火為效徵」，你只要靜一下就有效果了，並不是靜的功能，一般的書上認為是靜本身功能，認為打坐靜下來沒有念頭就收效，錯了。道家不講這個，正統道家說是宇宙物理的功能，你靜了以後，感召宇宙物理之氣過來交流，把它凝結住了。普通因為你腦子不空，心裏不空都在思想，所以宇宙功能到來，都被你消耗掉了，或者阻礙掉了。因此打坐的好處並不是靜的功能，而是陰陽天地感召的作用，所以說，「感應道交」是與諸佛菩薩感應道交。

第七十九講

關鍵三寶章第二十二

耳目口三寶，閉塞勿發通。真人潛深淵，浮游守規中。旋曲以視聽，開闔皆合同。為己之樞轄，動靜不竭窮。離炁納榮衛，坎乃不用聰。兑合不以談，希言順鴻濛。

三者既關鍵，緩體處空房。委志歸虛無，無念以為常。證難以推移，心專不縱橫。寢寐神相抱，覺悟候存亡。

顏色浸以潤，骨節益堅強。辟卻眾陰邪，然後立正陽。修之不輟休，庶炁雲雨行。淫淫若春澤，液液象解冰。從頭流達足，究竟復上升。往來洞無極，怫怫被谷中。

反者道之驗，弱者德之柄。耘鋤宿污穢，細微得調暢。濁者清之路，昏久則昭明。

內三寶　外三寶

這一章是專論，很重要，為了爭取時間，希望大家自己先看一下。「關鍵三寶」是修道的基本方法，是工夫的原理。老子說他有三寶：「曰慈，曰儉，曰不敢為天下先」，看來也像是講政治原理，實際上同修道都有關係的。「慈」，心能夠養成仁慈，有慈悲心才能修道。「儉」，一切都不浪費，精神也不浪費。「不敢為天下先」，不要故意去造作。道家說的三寶，和老子的三寶不同，佛教進入中國後，也採用了這個名字，把佛法僧合起來叫做三寶。三寶本來是道家的名稱。

「**此章，言關鍵三寶，內真外應，乃養性之要功也**」，雖然講養性，注意性命雙修，懂得了養性，命在其中矣，命功就在性功裏頭。「耳目口三竇，閉塞勿發通」，眼睛、耳朵、鼻子，這是外三寶。「閉塞勿發通」就是修道人不准講話，開口神氣散，多講話傷元氣。現在講外三寶，眼睛閉起來，耳朵回轉來，心念不妄動，嘴巴當然閉住了，舌抵上顎，大家打坐都知道。

「真人潛深淵，浮游守規中」，真人就是我們自己，這個人不是這個身體，是我們的那個真東西。精氣神不過三寶之一，是幫助的藥，拿這三樣東西煅煉自己這個真人，真正的我，打坐修道的第一步就是這樣。真人自己這個我，不是意念，不是妄念不是妄想，而是潛伏在深淵裏頭。一般人以為修肚臍是深淵，那已經不是深了，肚臍很淺。這個深淵不在身體內部。「浮游」就是優遊自在，「規中」在道家就是兩個圈圈，也不是在中宮。在密宗叫做寶蓋，也是兩層。道家也有以葫蘆來代表的，葫蘆就像人的身體，葫蘆頭就是我們這個頭，上面一節下面一節，中間一個腰，兩個圈圈中間的地方就是有形的「規中」；無形的則沒有位置。

再看註解，「**此節，統言關鍵三寶之要道也。修道之士，有內三寶，有**

外三寶。元精元氣元神內三寶也。」內三寶是我們自己有的，不是靠外面呼吸氣來，做氣功不是真的氣，是外面呼吸之氣，是有生滅的。生命一口氣不來，不是空氣不來，是內在氣沒有，能源沒有就完了。因怕大家以為空氣這個氣就是真的氣，所以他改個名字叫元精。元精、元氣、元神這是內三寶。

三寶不漏存元神

「耳目口外三寶也」，外三寶「耳目口」，內三寶「精氣神」。「欲得內三寶還真，全在外三寶不漏」，他說要想達到內三寶還真，精氣神各歸本位，還到原來的境界，做工夫開始是耳目口不漏。因此「陰符經所謂，九竅之邪，在乎三要是也」，這是《陰符經》的原文。《陰符經》分兩種，一種道家修持的，所謂黃帝傳下來的；一種是兵法，但是同修道也有關係的。所謂姜太公傳下來的《陰符經》，講九竅，我們人身上的九個竅，頭上七個加下面兩個。「九竅之邪」，邪是指它不是元精元氣，都是假的，「在乎三要」，就是元精元氣元神三個重點，必須先要把耳目口關閉起來，這是修的初步。

「下手之初，必須屏聰黜明，謹閉兌口，真元方不外漏。」所以我們修道打坐要閉起眼睛，垂簾，不是全閉。不過現在我是主張全閉，現代的人用眼睛太多了，所以閉著才是養神之道。這個「屏聰黜明」是一切聰明用不上，思想都用不上。「謹閉兌口」，兌是卦名，這個符號代表了人的嘴巴，不要說話。這樣耳目口三寶關閉起來，「真元方不外漏」，真正的元神才不外泄了。

「故曰，耳目口三寶，閉塞勿發通。外竅不漏，元神內存」，現在講理論方法就是如此，不是道家講的守竅。譬如今天有位同學講，過去學過道，因為守上竅的習慣，思想精神都在上面，頭就很重，很悶，下不來。一般修道家叫你守竅，隨便你守那一竅都有感覺，不要認為是道的工夫，這是很普通的道理，因為人體注意力集中到那一部份久了，那個部份神經就起反應，氣血也必定集中。

正統道家沒有告訴你守竅，現在告訴你這個理論，到了「外竅不漏，元神內存」，外面關閉了，我們內心的那個靈知之性，又不睡覺又沒有亂想。儒家形容是一點靈明自在，理學家形容四個字「昭昭靈靈」，你裏面很清楚。所以前後會合，裏外自然融為一片，就定得久靜得久。不過你靜不住，眼睛又想張開，耳朵又想聽外面，這就不對了，是習慣的走漏。所以佛學講無漏，就是六根不外流，歸到內在歸元了。

無位真人　元關一竅

「前後會合，中間有一無位真人，潛藏深淵之中」，這中間有一個無位真人，這個名稱是唐代禪宗臨濟祖師講的。這個無位的真我，既是無位，所以不是在上竅，也不在中宮，也不在丹田，但是三處又都有關聯。所以他的無位真人就是真我，我們這個昭昭靈靈，一靈不昧這個真我，潛藏在內部，不是身體內部，是「潛藏深淵之中」，藏得很深。深淵之中是形容，等於一個東西把它丟到海底去了。密宗及道家講海底就是人體的下部，叫海底好像是固定的位置，變成有形的了。其實海底、深淵都是形容辭，就是藏到深不可測，沒得位置了，是下沉不是上升。

「深淵乃北極太淵，天心之所居，即元關一竅也」，古人形容這個北極太淵，深不可測。道藏有一本書，叫做《五嶽真形圖》，都是黑點白點，都是洞洞，講這個地球下面有通道，整個是連的。是否如此，我們暫不做結論，這裏講北極太淵是形容辭，是借用，不是講有形的地球物理。「天心之所居」，天心也是道家的名辭，這是天地的中心點，宇宙其實沒有中心點，是人為假定有這個中心點，叫做「元關一竅」。這就是正統道家，他絕沒有告訴你在哪兒，所以叫元關一竅，也沒有說就在這裏，也沒有說就在丹田。一般傳你的，是守這個竅，那個竅，算是元關一竅，那簡直是亂竅，騙人的。正統道家所說的「元關一竅」，就是專一的意思，是無位真人之道，不是任何固定的部位。

「元關在天地之間，上下四方之正中，虛懸一穴」，注意最後四個字，沒有真的位置，你假設它在哪個地方，它就是在哪個地方。譬如胃不大好的，靜坐修道你坐在那裏，自然就守竅了，是生理的本能。你不加上那個注意力，本能的注意力已經集中到那裏去了，已經無形中在治療，所以再加就多餘了。就在那個地方守這一竅，慢慢就治療好了。所以「虛懸一穴」，它無所不在，沒有真實固定的部位。

下面是引用莊子的話，「其大無外，其小無內，謂之規中。中有主宰，謂之真人。」規中無大小內外，中間是人為假定，所以稱它為規中，是理念的名稱，不是生理上實質形象的名稱。所謂規中，其中自然有主宰，中是代表可以做主，不是偏的，這樣謂之真人，就是我們生命的真我。這個肉體不是真我，即使活兩百歲，有一天還是要毀壞，就像一個房子一樣。我們真正的精神生命是借這個房子來住的，這個是真人，修的是那個東西。「守而勿失」，所謂守竅就是關閉外門外竅，「謂之抱一」，抱一就是集中在一點，可是並不是用有意的注意力。

如果把煉元神、煉元氣、煉元精的各種方法統計一下，那很多。據我所瞭解的，就算練氣功吧，有兩百多種方法，包括印度的瑜珈術，中國的氣功，各種各樣。我說人真奇怪，就兩個鼻孔，一個嘴巴，同樣呼吸的氣，會產生那麼多的花樣，每一個方法都有效。大效有沒有？不見得有，一個方法做到底，不曉得變通就成問題了。真正的元氣不是靠這個，是內在自己本身生命來的，原理是如此。我們身體上這個小天地，同天地宇宙的法則一樣，本身那個真元發起來，就是最好的藥。這裏把這個原理方法都講清楚了，一點都沒有保留，沒有任何祕密。

修道的祕訣

「然其妙訣」，訣就是口訣，道家叫訣；佛家叫做密法，祕密的法門。外道所謂旁門八百，左道三千，各種方法多得很，不過是偏向的，都是要傳口訣的。所以老師傳你口訣，一般六耳不同傳，師父告訴徒弟是在耳朵邊上講的，那麼神祕，還要賭咒發誓。

現在你們不要外求了，本經統統告訴你，怎麼用功修道，妙訣「全在不勤不怠，勿助勿忘，有浮游之象」。勿助勿忘是孟子的話，不勤不怠是道家加上的，如果加上佛家的話，就是「不增不減」，三家共同的道理。所以孟子講修養、養生最澈底，一般人修道都是揠苗助長，求速效，那就完了！這個東西不能求，所以要「不勤不怠」，不要過份的用功。如果不吃飯，不睡覺，我要修道了，那是自尋煩惱。所以只要優哉遊哉，勿助勿忘，當然也不能優遊過度。所以他說用功的要點「不勤不怠」，怠就是懈怠，不要偷懶，也不要過份勤快；「勿助勿忘」，中庸之道，也不要幫助，也不要丟掉。「有浮游之象」，這個浮游是中國古代傳統的文學，莊子叫逍遙，佛學叫自在。我常常告訴一般同學朋友們，你們修道要修到逍遙，學佛要學到自在。你看那些信宗教的人，一臉宗教相，裝起那個修道的樣子，那個死相最討厭，既不自在又不逍遙。現在用功的重點告訴你「浮游自在」，又逍遙又自在。古人有一句話說，我們講過好多次了，要想長生不老，「神仙無別法，只生歡喜不生愁」，一個人天天要哈哈大笑，一天多笑幾次，比你打維他命吃補藥都好，一笑腦神經就鬆了。你看每一個人走在街上，那個苦瓜相像銀行討債的面孔，一天到晚心裏在煩惱，臉上每一個細胞都繃緊了。你這樣修能夠成道？我第一個不相信！

「故曰，真人潛深淵，浮游守規中」，這一段講用功的境界，方法很老實都告訴你。「此四句，乃養性之要功，一章之綱領也。」真能養性，命功在其中矣。你真做到明心見性，氣脈修都不要修，自然通了。換句話說，不通也不會明心見性，能明心見性氣脈自然打通，所以養性命功就在內了。現在什麼祕密都告訴大家，這就是正統道家。

下面原文，這一類都是方法。「旋曲以視聽，開闔皆合同。為己之樞轄，動靜不竭窮」，這書中的巳字印錯了，是自己的己。「離炁納榮衛，坎乃不用聰。兌合不以談，希言順鴻濛。」希言是老子的話，這個原文我們不加解釋，下面有了，就是講用功的方法。

用功的方法

「此節，詳言三寶關鍵工夫，坎屬水是為元門，離屬火是為牝戶，兌為口內應方寸」，三門都關閉起來，是修道打坐的這個原理。坎卦，在身體代表了耳朵，屬於水，是所謂元門。這個玄關的門戶很重要，所以老年人耳朵聾了，腎氣衰了叫做氣不歸元，因為耳通氣海。但是這個眼睛也通氣海，眼睛老花看不見了，同腎臟肝臟兩方面有關係，就是內部老化的原故。當然近視眼也是，再加上肝臟、腎臟不好，內部的那個能的作用不靈了，外表就出來現象。所謂「元門」是坎卦這個水，包括了人體全部的荷爾蒙。元門本來是坎卦屬陰，可是元門是陰中之陽。離卦是火的符號，代表心臟，也不完全是心臟，代表思想這部份，屬於牝戶，牝是陰的，陽中之陰。這個陰陰陽陽，大家鬧不清楚，一個原則就懂了，天地任何事物都是正反兩面，有正的就有反作用，有反的就有正作用。所以陽中必有陰，陰中必有陽，就是這個道理。兌卦代表嘴巴，「內應方寸」，嘴巴對應思想這個心，方寸就是代表心。

「學人入室之時，當收視返聽，轉順為逆」，注意啊，怎麼叫入室？古人準備修道了，就萬緣放下，什麼家庭兒女，什麼事業，一切都丟掉，一個人孤零零到一個地方去修，這叫入室。不是說把房門一鎖，我要修道了，不要來吵我，我入室了，那叫裝模作樣。真正的入室不一定閉關，就在這個世界亂哄哄之間，自己把六根關閉，就是真入室了，真閉關了。他說開始修的人入室之時，四個字的口訣，「收視返聽」，把眼睛神光返回轉。修道者把神光返轉，不是兩個眼睛向上翻，收視不是這個道理，只是眼睛的外皮關起來，道家比喻它像窗簾垂下一樣，叫做垂簾。眼神還是照住，擺在那裏，你那個意識、注意力不向前面看，向哪裏去呢？向沒有地方去的地方去，這樣就是「收視返聽」。

我們普通習慣，耳朵喜歡聽聲音，尋找每一個聲音的來源，就是從小孩開始的習慣。上面口訣也告訴你了，「收視返聽，轉順為逆」，修道是一切都收回來，關閉了，像電視機一樣把它關閉，轉順為逆，倒轉來，凡事都放下，就關起來了。

「其門户之一開一闔，皆與元牝內竅相應。故曰，旋曲以視聽，開闔皆合同。」我們對外的開闔門戶，如眼睛在看之類，都是拚命用自己生理的機能，認為越用越好；可是人到底是肉做的，比鋼造的差勁，用過份了會出毛病。所以你看這個時代，依我講叫做眼鏡的時代，年輕人都戴了近視眼鏡，我是最痛心這一件事情。像我們從小看書，老實講，你們看書不能跟我比數量，我到現在也不老花，少一點就是了，但是絕不近視，就是因為燈光不同。你們看書也不會看，就像藥山禪師講的，把牛皮都看得穿似的，眼睛瞪得好大盯著看，看了又記不得。

練習迴轉

我從小的讀書習慣是書來看我，我不去看它。把書攝進來，又容易記住，所以有時候並沒有想那個句子，而是想那個書的影像，哪一句話在哪一行我都還會記得。你們呢，是自己到書上去，最後老花了。看電視看電影也要這樣看，叫電影跑到我前面來。你們看電影又哭又笑，都無我了，你還看個什麼電影！你上去演多好呢！生命就那麼消耗了。所以道家所謂「旋曲以視聽」，旋曲就是迴轉，迴到自己這裏，視聽都要迴轉來，不要把精神散向外頭去。這個口訣也叫你們練習練習，看東西不要眼睛盯住看；就是講戀愛要看對方，也是反過來你來看我吧。

「開闔皆合同」，這個就是工夫了，平常訓練自己，眼睛看東西，耳朵聽外面，一開一閉之間，念念在「勿助勿忘」、「浮游守規中」！

「坎中納戊」這個不多囉嗦，因為你們諸位對於五行八卦這些不大熟。「離中納己」，戊己都是土，在人體上代表胃的部份，抽象觀念就是中位。「戊土屬陽主動」，這個土還分兩層，戊土是陽土，主動，代表了意，我們這個思想意識。「己土屬陰主靜」，己土是什麼呢？我們這個意識思想不用，恢復到休息狀態就是「己土」。

「然離中一陰，體雖靜而實則易動」，離中一陰就是陽中的陰，是我們這個思想，本來應該寧靜，可是我們人習慣隨時隨地都在思想，靜不下來。不是打坐叫做靜，是內在這個思想靜下來才叫做靜。

所以《易經》上四個字形容，「憧憧往來」，這個思想在裏頭亂跑，「不可禁止」，你禁止不了。大家學佛打坐就想把自己思想禁止，可是你沒有辦法禁止。你說我把它壓下去，一點不讓它想，那豈不是另一個大想？你想壓下去那個想，也是一個想。

道家告訴你，思想怎麼才能真正寧靜呢？「惟賴坎中真陽，出而鈐制之」，坎中真陽，坎是代表北方水，水中精就是說本身的元陽，也就是密宗所講氣脈通了，道家所講真陽發起了。本身生命在肉體上有一股力量——真陽，有上升下沉的作用。這股力量一來，思想不動，寧靜歸一了，所以叫性命雙修，必須要本身的元陽「出而鈐制」。這個東西有很多代號，道書上也把它叫做鉛。思想飄浮不定像水銀，碰到鉛——真陽，水銀就被吸住不跑了。人體這個思想，要在本身真陽發起來時，才能夠真正達到靜、定、安這個境界。

第八十講

三寶關閉之後

「若門之有樞，車之有轄，庶乎一開一闔，動靜各有其時，而元炁不致耗竭矣。故曰，為己之樞轄，動靜不竭窮。」這個一開一闔已經很明白了。「元竅中先天祖炁」，這個元竅就是原來道家所講的守竅，並不是有形的，如果大家一定要有形，最好在中宮。先天祖炁是道家的名稱，不是人為後天呼吸修得成的，祖炁是本來有的。「本來鴻濛未剖，惜乎，前發乎離，以泄其明」，祖炁開始本來沒有分，到了眼睛就變成看東西，眼神把它用掉了。「後發乎坎，以泄其聰」，到了耳朵變成聽聲音的功能，也泄了。「中發乎兌，以閉其門」，到了嘴巴就是講話，門打開了。所以「三者俱散而不收」，眼睛、耳朵、嘴巴，三者都是在消耗生命精神。「先天之炁，所存者幾何哉」，先天元炁，我們生命的能源，天天在消耗，還能剩多少啊！用完了就沒有了。

「必也默默垂簾」，所以修道第一步要靜坐，眼睛閉起來。「頻頻逆聽，則坎離之炁不泄矣」，你迴轉來耳朵不聽外，返聽內在，元炁自然不洩漏了。

「故曰，離炁納榮衛，坎乃不用聰」，榮衛是中國醫學的名辭，就是氣與血，不是現在說的營養。「括囊內守，混沌忘言，則兌口之炁不泄矣。」所以初步修道就是求一個靜坐的境界，像口袋一樣把它封起來，裏頭混沌靜靜的，不明不暗，不說話。「故曰，兌合不以談」，嘴巴合攏來不講話了。「希言順鴻濛，即所謂耳目口三寶，閉塞勿發通者也」，鴻濛就是宇宙天地未分那個境界，在這個境界中，耳目口三寶關起來，不與外面通才行。

下一句話要注意了，「此中祕密全在口字」，也就是說修道的祕密全在一個口，這個口呀就難辨了。「**此口是元關一竅，吞吐乾坤。因天機不可盡泄，姑取兌象，非世人飲食之口也，必須真師指示，方知其妙。**」道家講這裏就是一個關鍵，這裏的口字不是指嘴，而是指身體上同宇宙關係密切來往的地方，所以天機不可泄漏。講到這裏每一本道書都說不清，所以只好拿個卦名來代表叫做「**兌象**」。注意呀！這個口要打開，必須要真正修道成功的老師，「**方知其妙**」。先聲明在先，我是假師，不是真的，他說天機不可泄漏，我也很害怕有什麼天打雷劈，五馬分屍的。過去好多次提到過，這個口是「上口」，大家自己回想起來就懂了。

再看本文，「三者既關鍵」，這三個關鍵鎖住了，「緩體處空房」，修道的人不要緊張，靜坐的時候一切放鬆，在一個靜的地方，思想寧靜，歸到空的境界。「委志歸虛無，無念以為常」，禪宗講的無念是《參同契》先提出來的，當時佛教還沒有進入中國；禪宗六祖所講「無念為宗」，實際上是取用《參同契》中的話語。這裏說「無念以為常」，經常做到在無念的境界。「證難以推移，心專不縱橫」，修道要求的是親自證到，這個不是理論，第一要做到無念，無念做到了就是養性。下面告訴你身體不要緊張，一切放鬆，放鬆，從頭腦起放鬆，靜坐也好，平常也好，都要放鬆。尤其這個時代的人，眼睛、耳朵包括腦筋，六根都在緊張。所以「緩體處空房，**心專不縱橫**」，是要專一，靜到專，專到無念境界。

真人的優游

「寢寐神相抱，覺悟候存亡」，這兩點很重要，睡眠的時候，身體在睡，裏頭的元神還是昭昭靈靈，不昏迷。守到這個訣竅，白天醒時不要把精神外漏，感覺內部這個元氣元精的生長，一點點都要清楚。換句話說，靜坐久了，內心的感覺功能越來越靈明，就是這個道理。

再看註解，「**此節，詳言潛淵守中工夫。耳目口三者，既已關鍵嚴密，一毫不泄。**」三寶既然關起來了，「**則我之真人自然不擾不雜，優游于深淵之中**」了。我們自己本有生命自然在那個空洞的境界裏頭自在優游，「**此中**

空空洞洞，別無一物，有若空房然」，這與禪宗所講「本來無一物，何處惹塵埃」同一個道理，同一個境界。

「故曰，三者既關鍵，緩體處空房」，空房是抽象的名稱，並不一定要關到一個房間裏頭，而是內心永遠在空靈的境界中。保持這樣無念，靜到極點，當然要時間，三天、七天，或是一百天，等到內在「先天一炁，原從虛無中來」，空極了，身上的氣脈就通。所以密宗、道家修氣脈，太用意去修都不對。你有個反應有個感覺，那不是真炁，是凡精凡氣，是普通的生理上的反應。這個真正元炁一來，氣脈剎那之間同時都打通，那是真炁來了。這個真炁從哪裏來呢？從虛無中來。你念頭思想越空到極點，感覺知覺越空到極點，所謂真空生妙有，才有可能發生真炁從虛無中來。

所以修道的人「必委致其志，虛以待之」，在佛學講空，要空到什麼程度呢？「至于六根大定，一念不生，方得相應」，六根這眼耳鼻舌身意大定，都不動了，感覺狀態都沒有了，到這個境界才屬於靜。如果身上還在這裏跳一下，那裏動一下，那完全是感覺，是你的意識在動。六根包括身根，身體的反應在動，就是身根沒有大定，所以都不是。要六根大定一念不生，方得相應。相應還不是完全，是同靜的境界差不多而已。

再說無念

「然所謂無念，只是常應常靜，不出規中，非同木石之蠢然也。」真正的所謂無念，我們曾經發過呂純陽的〈百字銘〉給大家，上面說「真常須應物，應物要不迷」，無念不是什麼都不知道，什麼都不知道是大昏沉，不叫做無念。真正無念是真常須應物，應物要不迷，還能作人做事。所以禪宗強調這個地方，修養要做到「於心無事」，能夠遇事做事，心中沒有動念；「於事無心」，這就是真正無念。「不出規中」，沒有跳出過圓明清淨這個圓圈。所以講「非同木石之蠢然也」，不是變成木頭、石頭一樣，什麼都不知道。如果以為那是無念，認為是得定，佛經叫你不要做這個工夫，他生來世的果報是變豬。所以「常應常靜，不出規中」，不同於木石的無知。

「無念之念，是為正念。正念時時現前，方可致先天一炁，而有得藥之時。」長生不老之藥，祛病延年就是靠靜極而來。所以老子也說「致虛極，守靜篤。萬物並作，吾以觀其復。夫物芸芸，各歸其根，歸根曰靜，是謂復命。」到這個境界先天一炁才來，這個氣脈就通。學密的人，這些原理搞不清楚，拚命去修後天的氣脈，搞了半天白搞，沒有成就，因為違反這個原理。所以真到無念，真到了空，氣脈就一時頓通，這同於禪宗所謂的頓悟，一下就統統打開了。

正統的道家工夫就是這樣，「故曰，委志歸虛無，無念以為常」，所以性命雙修，每一個人都是神仙，都是佛都是上帝。「此事人人具足，本不難取證，有如立竿見影」，這一件事情，每一個人都做得到，而且真正原理對了，方法用對了，做工夫就有效驗，像太陽下面插竹竿，地上就出來影子那麼快。

「世人取證之難，正以心志不專，時刻推移，縱橫百出，遂望洋而返耳。」一般修道的人，第一不能專心一致，原理搞不清楚，有些人閉關兩天半，影子也不見了，跑出去了。心志不專隨時變動，東一下西一下的，又想學道又想修密宗又想修淨土，樣樣都想抓住。又怕靠不住，還是往生西方極樂好一點，念了半天能不能生淨土呀，還是修道家好。自己遊移不定，「縱橫百出」，人太聰明，「遂望洋而返耳」。所以到了海洋，渡不過只好回去，到不了彼岸。

專一是什麼狀況

「倘入室之時，心志專一，推移不動，絕無縱橫之病，則可以得之于一息矣，有何難證之道乎。故曰，證難以推移，心專不縱橫。」假使這個人放下一切專修，一下就可以達到。道並不難證到，很容易。記得我們小時候學毛筆字，老師寫一首詩，要我們在紙上臨摹的：

三十三天天重天　白雲裏面出神仙
神仙本是凡人做　只怕凡人心不堅

這一首是通俗的詩，白話文學，是近代一個道家人作的。據說他在清代來到台灣，這詩還寫在宜蘭山上一塊岩石上。我記得幾十年前報紙登過，有人在宜蘭山上看到的確有這樣一首詩。所以修道和成道並不難，就是此心能否專一的問題。

「此心既不動移，十二時中，行住坐臥，不離規中，即到寢寐之時，向晦晏息，一點元神，自然與元炁相抱，如爐中種火相似」，一天十二個時辰，都在一念不生這個境界上，即使在睡覺的時候，這一點昭昭靈靈，一念無念一靈不昧的，自然跟本身生命元炁配合為一了。道家形容是八卦爐中煉丹，爐子裏永遠有一個火種。所以密宗講修拙火就是這個道理，不要以為我丹田發燙是拙火來了，不要搞錯，拙火是意火。

「猶恐或致昏沉，必須常覺常悟」，所以永遠關照它，「冥心內炤」就是內照，照見五蘊皆空那個照。「察規中之消息，候真種之存亡」，要知道這一點真種子的存在。所以你們打坐，裏頭如果沒有一靈不昧的話，就是張紫陽真人《悟真篇》裏的兩句話，「腹內若無真種子，猶如爐火煮空鐺」。所以道家反對空心靜坐，你坐幾十年也沒有用。

「故曰，寢寐神相抱，覺悟候存亡，如此用心，何慮金丹不結，真人不現」，這個路走對了，長生不老之道，個個都做得到，這個原理都說得很清楚了。

變年輕漂亮了

「顏色浸以潤，骨節益堅強」，回到本文，你工夫做對了，就有返老還童之象，你皮膚的顏色潤澤，筋骨越來越健康，而且是越來越軟，轉成同嬰兒一樣。這個時候，你打起坐來，有時身體內部都聽到卡擦卡擦響，骨頭也慢慢軟化起來，都變化了。老年人身體膠質少，石灰質增長就硬，如果修到元精元氣守住時，這骨節有了膠質就越來越軟，那是十分效驗的。譬如有些人有灰指甲的，工夫真到了，看到那個指甲中一層一層退出去了，灰指甲就沒有了，本身的元氣有這樣厲害。所以這樣下來，身體就越來越健康了。「辟卻眾陰邪，然後立正陽」，身體上的陰氣，病的現象都趕跑了，老化現象也消退了。

「修之不輟休，庶炁雲雨行」，先能夠返老還童，再用功努力進步，近視當然沒有了，眼鏡可以不戴，老花眼也會退回去。然後就是另外一層境界了，身體變成氣體，在密宗來講，這個身體就變成一個琉璃球體，所以東方佛藥師琉璃光如來，身體就是個氣，是水晶體了。水晶是形容，說明他沒有實質了，內外透明。「淫淫若春澤」，口水，荷爾蒙的分泌源源不絕像春天。「液液象解冰」，形容這個身體晝夜那個舒服呀！都像冰一樣的，到了春天太陽光一來，嘩啦嘩啦就化成液體。你身上精氣越來越多，「從頭流達足，究竟復上升」，這真正叫做灌頂了，不是密宗喇嘛給你摩摩頂，拿一些水在頭上倒一倒。天主教的洗禮，佛教的灌頂都是同一個來源的，灌頂是印度名稱。五大教主都是東方人，到了西方變了一個名稱叫做洗禮。到了這個境界就是真灌頂，真休息了，一路下來渾身都轉變了，下來以後再上升，上升又下來，所以九轉還丹，就是還丹九轉，氣脈真正通了。

「往來洞無極，彿彿被谷中」，一往一來很多次。這個時候如果敗道就慘了，百病又要重新來過，你還有沒有機會就不知道了，要所謂重安爐鼎，再造乾坤。你不要認為工夫已經到了這一步，這一步往往是最容易敗道的。道家叫敗道，就是失敗了，這個只能就文字來形容。什麼時間會到這一步呢？每人不同，拿佛學來講，每人業力不同，根器修持不同，變化就不一樣。但是有一個是一樣，就是所證的境界是一樣的，要搞清楚這個道理。所以一升一降，一陰一陽往來，「彿彿被谷中」，彿彿是形容這個心裏的輕鬆，非空非有，道家老子叫做恍兮惚兮，現在人聽到說恍惚，就認為是昏頭昏腦，血壓低血壓高，沒有思想了叫恍惚。不是的，道家老子這個恍兮惚兮，是非空非有，很自然很逍遙。「彿彿被谷中」，好像永遠在一個山谷裏頭一樣，在空空洞洞的當中，外層好像有氣體保護住一樣。

真正結丹了

所以他這一節很重要，再看註解，「此節，言結丹之證驗也」，就是真正結丹了，學密宗的所謂拙火成就，結丹的證驗就是這個。真正成果的現象都是一定的，隨便你用什麼方法，這個程序是呆定的，沒有第二條路，有二皆非真。

「凡人之形神，本不相離」，神跟形，就是肉體跟神本來離不開的。「真種一得，表裏俱應」，一念不生，無念之處，定在這裏叫做真種。這一點火種得到了，「表裏俱應」，身體內部外面一下子活起來了。「自然顏色潤澤，骨節堅強，辟除後天陰邪之物，建立先天正陽之炁。蓋一身內外，莫非陰邪。」佛學講五陰，也叫五蘊，我們都被這個陰蓋住了，自己本來的清明沒有了，所以一身內外都是陰邪。「先天陽炁一到，陰邪自然存留不住」，本身所發動的這一陽活子時來了，能保留住，就是真陽來了的無念境界，一念不生，陰邪自然留不住了。

「更能行之不輟，其效如神」，一路修行下去，這個生理的變化快得很。「周身九竅八脈，三百六十骨節，八萬四千毛孔，總是太和元炁流轉」，在一團氣體中，那就是密宗所講的樂明無念，真正的境界來了。「但見如雲之行，如雨之施，如澤之潤，如冰之解」，像天氣一樣，如雲如雨自然現象「從崑崙頂上，降而到足，復從湧泉穴底，升而到頭，徹頭徹底，往來於空洞無涯之中，不相隔礙。」從頭頂開始下降而到足，又從足底心湧上來，升而到頭頂。

「蓋天地間，山川土石，俱窒塞而不通」，這個宇宙，在地球上的山、河、岩石擋住了走不通。「惟有洞天虛谷，竅竅相通」，其實太空是相通的，是圓周的，所以到那個境界如同到了太空一樣。人身也是這個樣子，所以我們普通沒有修練的，他的「人身亦然，肌肉骨節，俱窒礙而不通。惟有元竅虛谷，脈脈相通，與造化之洞天相似。元炁往來，洞然無極，正往來於虛谷之中也。故曰，往來洞無極，怫怫被谷中。」這是最重要的一篇，講實際結丹的現象。有人說這個境界碰到過，可惜後來沒有了。不要瞎吹了！你真碰到過嗎？真到了這裏不會退的，隨時隨地，每一分每一秒，都是在這個境界中。如果你有時候瞎貓撞到了死老鼠，然後沒有了，丟了，那是意識的幻相。這個不是意識的幻相，是身心實在到了。

所以這一篇和《參同契》上面的一句原文「**此與上篇黃中漸通理，潤澤達肌膚相似**」（書中把達字刻成遠字，錯了），他說這個是「**俱金丹自然之驗**」。

身體整個變化

下面講回原文，「**反者道之驗，弱者德之柄**」，有時候，你本來沒有病，開始修道反而什麼病都來了，所以有許多人害怕了，也不修了。其實他不懂原理，「**反者道之驗**」，因為反應特別靈敏，所以地震還沒有來，他身上早就感應到了，風沒有起來也已經感覺。這是弱的境界，「**反者道之驗，弱者德之柄**」，所以到了這境界，與天地合一，得與日月合其明，鬼神合其吉凶，自然與天地合一，反應特別快。

「耘鋤宿污穢，細微得調暢」，身體裏頭髒的東西統統洗刷了，換一個身體，換一個生命，所以說脫胎換骨。「濁者清之路，昏久則昭明」，重點在這裏，這又要回轉來講，起初開始學靜，靜到像睡著了一樣，什麼都不知道。你心中想，不能昭昭靈靈，這不算一念不生，這是昏沉，所以怕了。真正修大道，你儘管昏沉吧，所以有些同學修道，覺得越來越想睡覺，我說難得，你就跑去睡上七天嘛，你看看睡不睡得著？睡了兩天你就躺不住了。你真有本事，一個姿勢不動睡七天，一下就成功了。你做不到的呀！不可能。真昏到極點，你說大昏沉，昏沉也是它變的呀，你讓它昏沉，「濁者清之路」，濁到極點，反過來就是清明，那就不要睡覺了。要怎麼做得到呢？「昏久則昭明」，陰極了就陽生嘛。不要怕昏沉，昏沉就讓你昏沉，你把兩個腿盤起來，打坐七天，不准你下來。你有這個本事，我叫你乾爹還不夠，叫你乾祖父好了，拜你做佛做老師。所以你絕沒有這個本事！真到了這個境界，「昏久則昭明」，一下回轉來就對了。所以《參同契》這一本道書，一切都明白告訴你，只要你自己去修。

朱雲陽真人說，「此結言，金丹之超出常情也。」修道的路子，同你平常所想像的完全兩樣，是相反的，所以以「反者道之驗，弱者德之柄」來說明。「何謂反，常道用順」，我們普通人走順路，「丹道用逆」，丹道走相反的路。所以「顛倒元牝，抱一無離，方得歸根復命，豈非反者道之驗乎」。換了一個字，老子的原文「反者道之動也」，這個字換得好，換成檢驗的驗字，越修越弱沒有關係，你懂了這個原理，曉得是有效果了，反而會高興呢。

「何謂弱，堅強者死之徒，柔弱者生之徒」，這是老子的原理，人很堅強，堅強是死之徒，那個柔弱的是生之徒。你看我們這裏，有些老朋友弱弱的，早就擔心自己要走路了，我說你死不了啦，放心吧。有的人身體強得很，老子不在乎，反而一下就去了，就是剛強者死之徒。工夫道理，人生道理，都是如此。所以「專炁致柔，能如嬰兒」，這是老子的說法，養到元炁同於嬰兒境界，一切柔軟下來，一切弱下來，希望來了，下一步就到了。

「自然把柄在手，豈非弱者德之柄乎」，真正練國術的，到了中年以上，少林拳什麼都不練，就是走入氣功之路。所以我們看到老輩子的高手，你怎麼逗他，真打他也不動手，因為他一動手我們就吃不消。我們年輕的時候學拳，一不打叫化子，二不打和尚，三不打病夫，四不打老太婆，不應該打的，因為敬老。有時候老太婆的武功比你高，尤其以前纏小腳的，那個小腳「砰」一踢，你就要了命！

「且辟卻陰邪，則身中一切宿穢，悉耘鋤而去盡矣。正陽既立，則元炁透入，細微悉調暢而無間矣。」這個時候，身體宿穢都消除盡了，元炁也發起了，莊子說「與天地精神相往來」，天地的精神生命都到你這裏來了，佛學說是十方諸佛都來灌頂，就是這個道理。這個就是結丹了，以後飛不飛得起來，所有道書上並不告訴你。

結丹有了真神通

所以「至於金丹始結，脈住炁停」，到這個時候自然結丹了，氣住脈停，呼吸停止不是心臟不跳，是很久很久，好像輕微動一下。「復返混沌，重入胞胎」，等於我們剛剛投胎那個樣子一樣，到這個境界「似乎昏而且濁」，這個時候外面什麼都不知道。所以真正入定的人，你罵他也聽不見，什麼打雷，原子彈下來，他也不知道，什麼都聽不見了，他就在裏頭，表面看起來那真是大昏沉，「此吾身大死之時也」。所以禪宗祖師，叫你大死一番，然後大活，就是這個道理。「久之，絕後再甦，親證本來面目」，這個定很久，不曉得多少時間，每人不同。所以禪宗祖師講非大死一番不能大活，道家把禪宗所講的這個境界，老老實實的告訴了我們。「自然純清絕點，慧性圓通」，這叫明心見性了。「大地乾坤，俱作水晶宮闕矣」，內外透明，所以佛經上說十方世界，如掌中觀菴摩羅果，等於在手心裏看一粒橄欖一樣清楚，這叫神通。不是二號，二號是神經，這是真神通，要到這個境界就是真神通。

「故曰，濁者清之路，昏久則昭明」，就是這個道理。這一段做工夫的，其實都講完了。「前段言形之妙，此段言神之妙，形神俱妙，方能與道合真。」這就是神仙境界，就是佛境界。

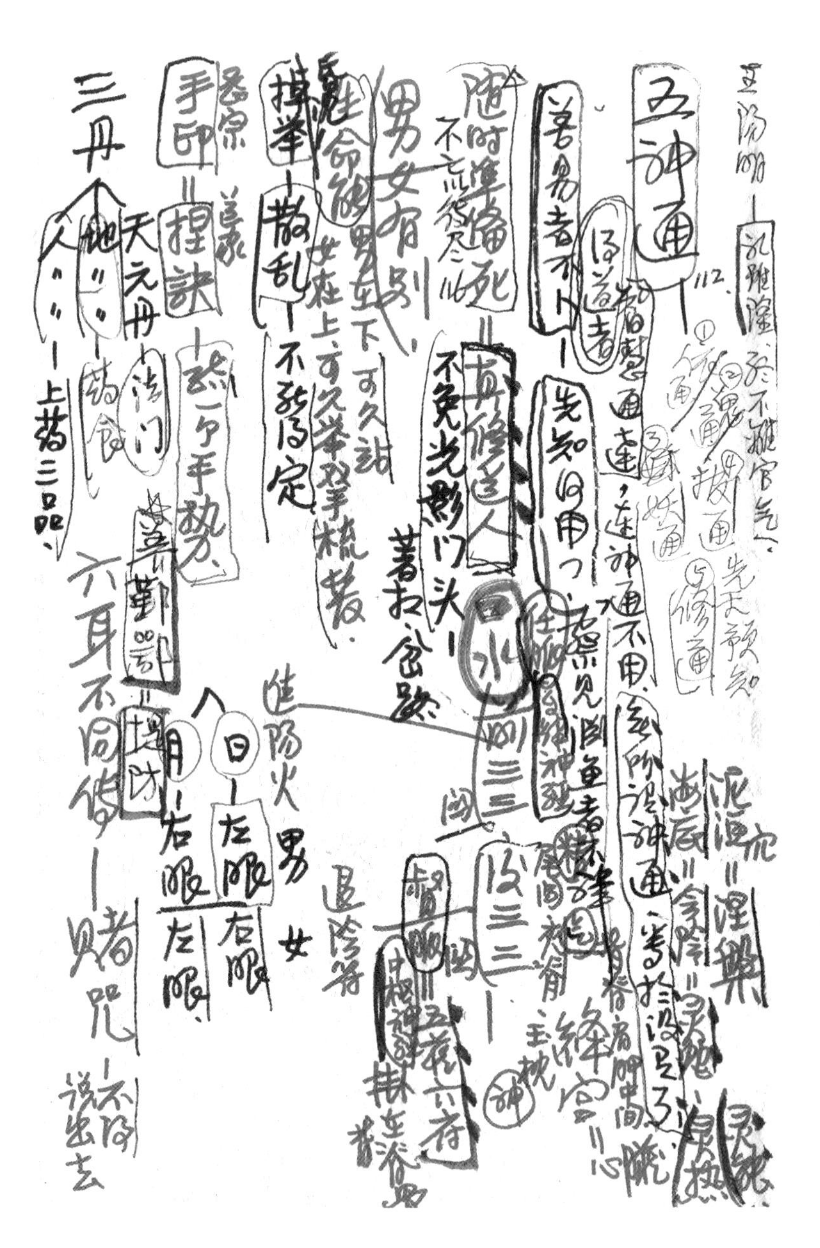
五神通
男女有别
手印
散乱
三丹
天元丹
日
月
左眼
右眼
男
女
退陰符
六耳不同

我說參同契下冊

建議售價・1000元（三冊不分售）

講　　述・南懷瑾

出版發行・南懷瑾文化事業有限公司

網址：www.nhjce.com

代理經銷・白象文化事業有限公司

412台中市大里區科技路1號8樓之2（台中軟體園區）

出版專線：（04）2496-5995　傳真：（04）2496-9901

401台中市東區和平街228巷44號（經銷部）

購書專線：（04）2220-8589　傳真：（04）2220-8505

印　　刷・基盛印刷工場

版　　次・2016年6月初版一刷

2017年7月初版二刷

2018年10月二版一刷

2020年5月二版二刷

2022年8月二版三刷

設計編印

白象文化

www.ElephantWhite.com.tw

press.store@msa.hinet.net

總監：張輝潭　專案主編：林榮威

國家圖書館出版品預行編目資料

我說參同契／南懷瑾講述．--初版．一臺北市：南懷瑾文化，2016.06

面：　公分.

ISBN 978-986-91347-5-0（平裝）

1.太玄部

231.65　　104004955